BiB
LYC

LES FA
CONFIDENCES

MARIVAUX

TEXTE INTÉGRAL

Notes, questionnaires et dossiers
par **Véronique Brémond-Bortoli**,
agrégée de Lettres classiques, professeur au CNED

hachette

Sommaire

ISBN : 978-2-01-716707-5

www.parascolaire.hachette-education.com

4 Parcours littéraire : « Théâtre et stratagème »

Dossier du professeur téléchargeable gratuitement sur :
www.enseignants.hachette-education.com

Marivaux
(1688-1763)

◗ Pierre Carlet de Chamblain de Marivaux a profité du vent de liberté de la Régence pour s'illustrer dans des genres peu académiques : comédie, roman, journalisme.

◗ Grâce à sa collaboration avec les Comédiens-Italiens, il a su renouveler le genre de la comédie.

Marivaux par Carle Van Loo.

ŒUVRES CLÉS

- ***La Double Inconstance*** (1723), comédie en 3 actes sur la cruauté des relations amoureuses, entre fidélité et séduction.
- ***L'Île des esclaves*** (1725), apologue théâtral en 1 acte sur les relations entre maîtres et valets.
- ***Le Jeu de l'amour et du hasard*** (1730), comédie en 3 actes où un jeu de déguisements révèle l'amour au-delà des apparences sociales.
- ***La Vie de Marianne*** (1731-1741), roman des aventures galantes d'une orpheline.
- ***Les Fausses Confidences*** (1737), comédie en 3 actes où l'amour se dévoile grâce aux stratagèmes du valet Dubois.
- ***La Colonie*** (1750), pièce en 1 acte où les femmes prennent le pouvoir.

Marivaux en 10 dates

1688 Naît à Paris, le 4 février.

1710 Suit des études à la faculté de droit de Paris. Il n'exercera jamais, préférant se consacrer à la littérature, où il rejoint le clan des Modernes contre les Anciens.

1717 Le 7 juillet, épouse Colombe Bologne, fille d'un riche avocat, qui est enceinte de leur unique fille.

1720 ***Arlequin poli par l'amour*, comédie en 1 acte et en prose, est son premier grand succès au Théâtre-Italien. Il est partiellement ruiné par la banqueroute de Law.**

1721 Est l'unique rédacteur du journal *Le Spectateur français*, auquel il met un terme en 1724.

1723 Suite au décès de sa femme, élève seul leur fille. Désormais, il consacre tout son temps à la littérature.

1737 **Sa comédie *Les Fausses Confidences* est jouée pour la première fois, le 16 mars, par les Comédiens-Italiens à l'Hôtel de Bourgogne.**

1740 *L'Épreuve*, comédie en 1 acte et en prose, est son dernier grand succès à la scène.

1742 **Est élu à l'Académie française.**

1763 Décède à Paris, le 12 février, d'une pleurésie.

Les Fausses Confidences

1re représentation : 16 mars 1737

Genre : comédie de sentiment en 3 actes et en prose

Tonalités dominantes : comique, ironique, mais aussi lyrique

Mouvement littéraire : mouvement des Lumières pour la liberté de ton et de forme et la mise en valeur de la sensibilité

Frontispice pour les œuvres complètes de Marivaux.

PRÉSENTATION

La pièce *Les Fausses Confidences* est la 27e comédie de Marivaux, qui est célèbre depuis une quinzaine d'années. Au sommet de son art, il sait mêler toutes les facettes du genre de la comédie. Cette œuvre est une de ses pièces les plus jouées actuellement.

THÈMES TRAITÉS

L'amour et l'argent

Dans *Les Fausses Confidences*, Marivaux fait place à davantage de réalisme que dans ses premières pièces, et l'argent, en particulier, y joue un grand rôle. Celui-ci représente plus largement un ordre social pesant, nourri de préjugés tenaces auxquels Araminte devra mesurer son désir naissant pour Dorante.

Atout cœur

Pour Marivaux, l'amour est un sentiment positif et naturel qui permet l'épanouissement de la sensibilité et du cœur : il donne à ses personnages la possibilité de le découvrir peu à peu en eux-mêmes et de choisir ainsi librement la voie de leur bonheur. C'est par la parole, dans l'échange avec l'autre, que se fait jour le sentiment : le « marivaudage » désigne à la fois l'analyse complexe des méandres du cœur et le type de dialogue qui permet de la mettre en œuvre.

POUR COMPRENDRE L'ŒUVRE

Une comédie du sentiment

Dans *Les Fausses Confidences*, c'est l'amour qui mène le jeu, aussi bien dans l'intrigue que dans les dialogues. Les personnages avancent masqués, se tendent des pièges, s'éprouvent pour mettre au jour leurs sentiments. Ce théâtre subtil, au langage empreint à la fois de raffinement et de naturel, exige un spectateur sagace qui prend plaisir à débusquer la vérité sous le masque.

Un valet d'un nouveau genre

Les Fausses Confidences sont dominées par le personnage de Dubois, avec lequel Marivaux invente un valet hors du commun : fin connaisseur en psychologie, il sert, par ses stratagèmes, de révélateur aux sentiments d'Araminte. S'il agit de façon désintéressée, pour le bonheur de ses maîtres, il peut, néanmoins, manipuler les cœurs avec une certaine cruauté.

LES CRITIQUES

Marivaux est « *le Racine du théâtre comique ; habile à saisir les sensations imperceptibles de l'âme, heureux à les développer. Personne n'a mieux connu la métaphysique du cœur, mieux peint l'humanité* ».

François-Antoine Chevrier, préface du *Quart d'heure d'une jolie femme, ou les Amusements de la toilette*, 1753.

« *Je lui reprocherai* [...] *de trop détailler les passions et de manquer quelquefois le chemin du cœur, en prenant des routes un peu trop détournées.* »

Voltaire, *Lettre à Berger*, février 1736.

INFLUENCES

La comédie de caractère de Molière et ses personnages types

- Le valet d'intrigue : Scapin dans *Les Fourberies de Scapin*.
- La femme acariâtre comme Mme Pernelle dans *Le Tartuffe*.
- *La Princesse d'Élide* (1664), où Moron utilise le même stratagème de la « fausse confidence ».

La comédie italienne *(commedia dell'arte)*

- Luigi Riccoboni, *La Dame amoureuse par envie* (d'après *Le Chien du jardinier* [1618] du dramaturge espagnol Lope de Vega), pièce jouée en 1716 à l'Hôtel de Bourgogne.
- Le personnage d'Arlequin.

AU MÊME MOMENT

Règne de Louis XV.

- Jean-Philippe Rameau, *Les Indes galantes* (1735).
- Crébillon fils, *Les Égarements du cœur et de l'esprit* (roman, 1736).
- 1737 : *L'École des amis* de Nivelle de La Chaussée, *« comédie larmoyante ou sérieuse »*.

***Les Fausses Confidences* (1737) de Marivaux**

- 1737 : à la foire Saint-Germain, *Marianne* de Favart et Panard, vaudeville (pièce mêlant prose parlée, chant et danse) inspiré du roman de Marivaux.

PROLONGEMENTS

- Le personnage de Figaro, valet plein d'esprit, dans *Le Barbier de Séville* (1775) de Beaumarchais, n'est pas sans rappeler Dubois.
- Le théâtre d'Alfred de Musset (1810-1857) présente des personnages qui cherchent leur vérité sous le masque, dans des dialogues vifs et poétiques, proches de ceux de Marivaux.
- Le cinéaste Abdellatif Kechiche a été très influencé par Marivaux *(« Marivaux m'a appris à regarder les autres »)*, dont *Le Jeu de l'amour et du hasard* sert de fil conducteur à son film *L'Esquive*.

MARIVAUX

Les Fausses Confidences

Détail de *La Déclaration d'amour* (1724) de Jean-François de Troy.

Comédie en trois actes

PERSONNAGES

ARAMINTE, fille de Madame Argante.
DORANTE, neveu de Monsieur Remy.
MONSIEUR REMY, procureur[1].
MADAME ARGANTE.
ARLEQUIN, valet d'Araminte.
DUBOIS, ancien valet de Dorante.
MARTON, suivante d'Araminte.
LE COMTE.
Un DOMESTIQUE parlant.
Un GARÇON joaillier.

La scène est chez Madame Argante.

Note

1. M. Remy, oncle de Dorante, est l'administrateur mandaté qui gère les biens et les affaires d'Araminte.

Acte I

SCÈNE 1

DORANTE, ARLEQUIN

ARLEQUIN, *introduisant Dorante.* Ayez la bonté, Monsieur, de vous asseoir un moment dans cette salle ; Mademoiselle Marton est chez Madame et ne tardera pas à descendre.

DORANTE. Je vous suis obligé[1].

ARLEQUIN. Si vous voulez, je vous tiendrai compagnie, de peur que l'ennui ne vous prenne ; nous discourrons[2] en attendant.

DORANTE. Je vous remercie ; ce n'est pas la peine, ne vous détournez[3] point.

ARLEQUIN. Voyez, Monsieur, n'en faites pas de façon[4] : nous avons ordre de Madame d'être honnête[5], et vous êtes témoin que je le suis.

DORANTE. Non, vous dis-je, je serai bien aise[6] d'être un moment seul.

Notes

1. **Je vous suis obligé** : je vous remercie.
2. **discourrons** : discuterons.
3. **détournez** : dérangez.
4. **n'en faites pas de façon** : ne faites pas de manières.
5. **honnête** : poli, aimable.
6. **je serai bien aise** : il me sera agréable.

ARLEQUIN. Excusez, Monsieur, et restez à votre fantaisie[1].

SCÈNE 2

DORANTE, DUBOIS, *entrant avec un air de mystère.*

DORANTE. Ah ! te voilà ?

DUBOIS. Oui, je vous guettais.

Dorante (Robert Plagnol) et Dubois (Pierre Arditi) dans la mise en scène de Didier Bezace (2010).

Note

1. **à votre fantaisie** : comme vous voulez.

DORANTE. J'ai cru que je ne pourrais me débarrasser d'un domestique qui m'a introduit ici et qui voulait absolument me désennuyer en restant. Dis-moi, Monsieur Remy n'est donc pas encore venu ?

DUBOIS. Non, mais voici l'heure à peu près qu'il vous a dit qu'il arriverait. *(Il cherche et regarde.)* N'y a-t-il là personne qui nous voie ensemble ? Il est essentiel que les domestiques ici ne sachent pas que je vous connaisse.

DORANTE. Je ne vois personne.

DUBOIS. Vous n'avez rien dit de notre projet à Monsieur Remy, votre parent ?

DORANTE. Pas le moindre mot. Il me présente de la meilleure foi du monde, en qualité d'intendant[1], à cette dame-ci dont je lui ai parlé, et dont il se trouve le procureur[2] ; il ne sait point du tout que c'est toi qui m'as adressé à lui : il la prévint hier ; il m'a dit que je me rendisse ce matin ici, qu'il me présenterait à elle, qu'il y serait avant moi, ou que s'il n'y était pas encore, je demandasse une Mademoiselle Marton. Voilà tout, et je n'aurais garde de lui confier notre projet, non plus qu'à personne ; il me paraît extravagant, à moi qui m'y prête. Je n'en suis pourtant pas moins sensible à ta bonne volonté, Dubois ; tu m'as servi[3], je n'ai pu te garder, je n'ai pu même te bien récompenser de ton zèle ; malgré cela, il t'est venu dans l'esprit de faire ma fortune[4] : en vérité, il n'est point de reconnaissance que je ne te doive !

DUBOIS. Laissons cela, Monsieur ; tenez, en un mot, je suis content de vous ; vous m'avez toujours plu ; vous êtes un

Notes

1. **intendant** : homme de confiance qui s'occupe des affaires et de la maison d'une personne riche.
2. **procureur** : administrateur mandaté qui gère les biens et les affaires d'une personne.
3. **tu m'as servi** : tu as été à mon service.
4. **ma fortune** : mon bonheur.

excellent homme, un homme que j'aime ; et si j'avais bien de l'argent, il serait encore à votre service.

DORANTE. Quand pourrai-je reconnaître[1] tes sentiments pour moi ? Ma fortune serait la tienne ; mais je n'attends rien de notre entreprise, que la honte d'être renvoyé demain.

DUBOIS. Eh bien, vous vous en retournerez.

DORANTE. Cette femme-ci a un rang dans le monde ; elle est liée avec tout ce qu'il y a de mieux, veuve d'un mari qui avait une grande charge dans les finances ; et tu crois qu'elle fera quelque attention à moi, que je l'épouserai, moi qui ne suis rien, moi qui n'ai point de bien ?

DUBOIS. Point de bien ! votre bonne mine[2] est un Pérou ! Tournez-vous un peu, que je vous considère encore ; allons, Monsieur, vous vous moquez, il n'y a point de plus grand seigneur que vous à Paris : voilà une taille qui vaut toutes les dignités possibles, et notre affaire est infaillible, absolument infaillible ; il me semble que je vous vois déjà en déshabillé[3] dans l'appartement de Madame.

DORANTE. Quelle chimère[4] !

DUBOIS. Oui, je le soutiens. Vous êtes actuellement dans votre salle, et vos équipages[5] sont sous la remise.

DORANTE. Elle a plus de cinquante mille livres de rente[6], Dubois.

DUBOIS. Ah ! vous en avez bien soixante, pour le moins.

DORANTE. Et tu me dis qu'elle est extrêmement raisonnable[7] ?

Notes

1. **reconnaître** : récompenser.
2. **mine** : apparence, physique ; Dubois joue sur la polysémie du terme en évoquant aussi les richesses minières du Pérou.
3. **en déshabillé** : en tenue d'intérieur.
4. **chimère** : projet extravagant, sans réalité.
5. **équipages** : voitures à cheval.
6. L'ensemble des revenus annuels d'Araminte représente une somme considérable.
7. **raisonnable** : sage, sensée, donc peu disposée à l'amour.

DUBOIS. Tant mieux pour vous, et tant pis pour elle. Si vous lui plaisez, elle en sera si honteuse, elle se débattra tant, elle deviendra si faible, qu'elle ne pourra se soutenir qu'en épousant ; vous m'en direz des nouvelles. Vous l'avez vue et vous l'aimez ?

DORANTE. Je l'aime avec passion, et c'est ce qui fait que je tremble !

DUBOIS. Oh ! vous m'impatientez avec vos terreurs : eh que diantre[1] ! un peu de confiance ; vous réussirez, vous dis-je. Je m'en charge, je le veux, je l'ai mis là[2] ; nous sommes convenus de toutes nos actions ; toutes nos mesures sont prises ; je connais l'humeur de ma maîtresse, je sais votre mérite, je sais mes talents, je vous conduis, et on vous aimera, toute raisonnable qu'on est ; on vous épousera, toute fière qu'on est, et on vous enrichira, tout ruiné que vous êtes, entendez-vous ? Fierté, raison et richesse, il faudra que tout se rende. Quand l'amour parle, il est le maître, et il parlera : adieu ; je vous quitte ; j'entends quelqu'un, c'est peut-être Monsieur Remy ; nous voilà embarqués, poursuivons. *(Il fait quelques pas, et revient.)* À propos, tâchez que Marton prenne un peu de goût pour vous. L'amour et moi, nous ferons le reste.

Notes

1. **que diantre :** interjection soutenant énergiquement un propos (déformation de *diable*).

2. **je l'ai mis là :** Dubois désigne son front.

Voir Méthode, p. 153.

Se préparer à l'oral du Bac

Analyse du plan de Dubois (l. 32 à 75, pp. 14-15)

Conseils pour la lecture à haute voix

› Faites bien sentir l'inquiétude de Dorante, son manque de confiance en lui.

› Au contraire, marquez l'assurance de Dubois et sa familiarité avec Dorante.

Explication linéaire

Introduction

La comédie *Les Fausses Confidences*, créée en 1737, est dominée par le personnage de Dubois, avec lequel Marivaux invente un valet hors du commun. Celui-ci va aider son ancien maître Dorante, jeune homme de bonne famille mais ruiné, à conquérir le cœur de la riche Araminte dont il est éperdument amoureux. Après une très brève scène comique, la scène 2 entre Dubois et Dorante sert d'exposition : elle permet de camper deux personnages au tempérament bien différent et d'expliquer les enjeux de la pièce et les projets de Dubois.

I. Entre inquiétude et assurance (l. 32 à 53)

1. Cette scène constitue la scène d'exposition de la pièce : quels en sont les rôles ? à quoi le spectateur doit-il être attentif ?

2. En vous fondant sur le champ lexical dominant dans les lignes 32 à 53, montrez quel est le principal obstacle que soulève Dorante face au projet de son mariage avec Araminte. Quel est son état d'esprit face à cet obstacle et comment s'exprime-t-il ?

3. D'après sa 2e réplique (l. 41 à 47), sur quel atout de Dorante Dubois compte-t-il ? Comment le présente-t-il ?

4. À quoi note-t-on l'assurance de Dubois dans ce passage ? Observez l'enchaînement des répliques, la façon dont il s'adresse à Dorante, la forme de ses phrases, les temps et modes...

II. Les projets de Dubois (l. 54 à 75)

5 Selon Dubois dans ce passage, contre quoi l'amour aura-t-il à lutter chez Araminte ? Comment expose-t-il le succès de cette lutte ?

6 Montrez comment Dubois, dans sa dernière réplique (l. 62 à 75), joue de toutes les ressources de l'énonciation (pronoms, modes et temps…) pour exposer son plan.

7 Dans l'ensemble de cet extrait, comment Marivaux fait-il sentir la différence de caractère entre les deux personnages ? Quel est, ici, le statut particulier de Dubois ?

Conclusion

Dès cette scène d'exposition, le spectateur voit Dubois prendre la situation en main. Face à un Dorante déstabilisé, il apparaît sûr de lui et plein de ressources, inversant le statut du maître et du valet. Cette scène pose aussi clairement l'enjeu de la pièce : l'amour va-t-il l'emporter sur la différence de fortune ?

Grammaire

La proposition subordonnée circonstancielle de concession

• La concessive exprime un rapport d'opposition et de contradiction entre la principale et la subordonnée et peut être introduite par une locution conjonctive *(bien que, quoique, tandis que, quand bien même…)*.

• On trouve aussi des tournures plus complexes avec des adjectifs :

– *quelque* (invariable) ou *si* + adjectif + *que* + verbe au subjonctif : *« Quelque studieux qu'ils soient, leur maître ne les aime pas »* ;

– *tout(e)* + adjectif + *que* + verbe à l'indicatif (ou, plus rarement, au subjonctif) : *« Tout studieux qu'ils sont, leur maître ne les aime pas »*.

8 Dans la dernière réplique (l. 62 à 75), relevez les trois subordonnées concessives et expliquez-en le fonctionnement. Sur quoi cette tournure permet-elle d'insister ?

SCÈNE 3

MONSIEUR REMY, DORANTE

MONSIEUR REMY. Bonjour, mon neveu ; je suis bien aise de vous voir exact. Mademoiselle Marton va venir, on est allé l'avertir. La connaissez-vous ?

DORANTE. Non, Monsieur ; pourquoi me le demandez-vous ?

MONSIEUR REMY. C'est qu'en venant ici, j'ai rêvé[1] à une chose... Elle est jolie, au moins[2].

DORANTE. Je le crois.

MONSIEUR REMY. Et de fort bonne famille : c'est moi qui ai succédé à son père ; il était fort ami du vôtre ; homme un peu dérangé[3] ; sa fille est restée sans bien ; la dame d'ici a voulu l'avoir ; elle l'aime, la traite bien moins en suivante qu'en amie, lui a fait beaucoup de bien, lui en fera encore, et a offert même de la marier. Marton a d'ailleurs une vieille parente asthmatique[4] dont elle hérite, et qui est à son aise[5] ; vous allez être tous deux dans la même maison ; je suis d'avis que vous l'épousiez : qu'en dites-vous ?

DORANTE *sourit à part.* Eh !... mais je ne pensais pas à elle.

MONSIEUR REMY. Eh bien, je vous avertis d'y penser ; tâchez de lui plaire. Vous n'avez rien, mon neveu, je dis rien qu'un peu d'espérance. Vous êtes mon héritier ; mais je me porte bien, et je ferai durer cela le plus longtemps que je pourrai, sans compter que je puis me marier : je n'en ai point d'envie ; mais cette envie-là vient tout d'un coup : il y a tant de minois[6] qui vous la donnent ; avec une femme on a des

Notes

1. **rêvé** : pensé, songé.
2. **au moins** : en tout cas.
3. **dérangé** : désordonné dans ses affaires.
4. **asthmatique** : qui souffre d'asthme, maladie pulmonaire. Selon le plan de M. Remy, cette tante ne vivra pas longtemps et Marton pourra hériter rapidement.
5. **est à son aise** : a une bonne fortune.
6. **minois** : jolis visages.

enfants, c'est la coutume ; auquel cas, serviteur au collatéral[1]. Ainsi, mon neveu, prenez toujours vos petites précautions, et vous mettez[2] en état de vous passer de mon bien, que je vous destine aujourd'hui, et que je vous ôterai demain peut-être.

DORANTE. Vous avez raison, Monsieur, et c'est aussi à quoi je vais travailler.

MONSIEUR REMY. Je vous y exhorte. Voici Mademoiselle Marton : éloignez-vous de deux pas pour me donner le temps de lui demander comment elle vous trouve. *(Dorante s'écarte un peu.)*

SCÈNE 4

MONSIEUR REMY, MARTON, DORANTE

MARTON. Je suis fâchée, Monsieur, de vous avoir fait attendre ; mais j'avais affaire chez Madame.

MONSIEUR REMY. Il n'y a pas grand mal, Mademoiselle, j'arrive. Que pensez-vous de ce grand garçon-là ? *(Montrant Dorante.)*

MARTON, *riant*. Eh ! par quelle raison, Monsieur Remy, faut-il que je vous le dise ?

MONSIEUR REMY. C'est qu'il est mon neveu.

MARTON. Eh bien ! ce neveu-là est bon à montrer ; il ne dépare point[3] la famille.

MONSIEUR REMY. Tout de bon[4] ? C'est de lui dont[5] j'ai parlé à Madame pour intendant, et je suis charmé qu'il vous

Notes

1. **serviteur au collatéral** : tant pis pour le collatéral, c'est-à-dire le descendant qui n'est pas en ligne directe. Si M. Remy a des enfants, Dorante ne recevra plus d'héritage de sa part.

2. **vous mettez** : mettez-vous.

3. **ne dépare point** : ne dénature pas.

4. **Tout de bon** : vraiment.

5. **C'est de lui dont** : on dit, en principe, « C'est de lui que ».

revienne[1] : il vous a déjà vue plus d'une fois chez moi quand vous y êtes venue ; vous en souvenez-vous ?

MARTON. Non, je n'en ai point d'idée.

MONSIEUR REMY. On ne prend pas garde à tout. Savez-vous ce qu'il me dit la première fois qu'il vous vit ? Quelle est cette jolie fille-là ? *(Marton sourit.)* Approchez, mon neveu. Mademoiselle, votre père et le sien s'aimaient beaucoup ; pourquoi les enfants ne s'aimeraient-ils pas ? En voilà un qui ne demande pas mieux ; c'est un cœur qui se présente bien.

DORANTE, *embarrassé.* Il n'y a rien là de difficile à croire.

MONSIEUR REMY. Voyez comme il vous regarde ; vous ne feriez pas là une si mauvaise emplette[2].

MARTON. J'en suis persuadée ; Monsieur prévient en sa faveur[3], et il faudra voir.

MONSIEUR REMY. Bon, bon ! il faudra ! Je ne m'en irai point que cela ne soit vu.

MARTON, *riant.* Je craindrais d'aller trop vite.

DORANTE. Vous importunez Mademoiselle, Monsieur.

MARTON, *riant.* Je n'ai pourtant pas l'air si indocile.

MONSIEUR REMY, *joyeux.* Ah ! je suis content, vous voilà d'accord. Oh ! çà, mes enfants *(il leur prend les mains à tous deux)*, je vous fiance en attendant mieux. Je ne saurais rester ; je reviendrai tantôt[4]. Je vous laisse le soin de présenter votre futur[5] à Madame. Adieu, ma nièce.

(Il sort.)

MARTON, *riant.* Adieu donc, mon oncle.

Notes

1. **qu'il vous revienne** : qu'il vous plaise.
2. **emplette** : achat.
3. **prévient en sa faveur** : donne une bonne impression de lui-même.
4. **tantôt** : tout à l'heure.
5. **votre futur** : votre fiancé.

SCÈNE 5

MARTON, DORANTE

MARTON. En vérité, tout ceci a l'air d'un songe. Comme Monsieur Remy expédie[1] ! Votre amour me paraît bien prompt, sera-t-il aussi durable ?

DORANTE. Autant l'un que l'autre, Mademoiselle.

MARTON. Il s'est trop hâté de partir. J'entends Madame qui vient, et comme, grâce aux arrangements de Monsieur Remy, vos intérêts sont presque les miens, ayez la bonté d'aller un moment sur la terrasse, afin que je la prévienne.

DORANTE. Volontiers, Mademoiselle.

MARTON, *en le voyant sortir.* J'admire ce penchant[2] dont on se prend tout d'un coup l'un pour l'autre.

SCÈNE 6

ARAMINTE, MARTON

ARAMINTE. Marton, quel est donc cet homme qui vient de me saluer si gracieusement, et qui passe sur la terrasse ? Est-ce à vous à qui il en veut ?

MARTON. Non, Madame, c'est à vous-même.

ARAMINTE, *d'un air assez vif.* Eh bien, qu'on le fasse venir ; pourquoi s'en va-t-il ?

MARTON. C'est qu'il a souhaité que je vous parlasse auparavant. C'est le neveu de Monsieur Remy, celui qu'il vous a proposé pour homme d'affaires.

ARAMINTE. Ah ! c'est là lui ! Il a vraiment très bonne façon[3].

Notes

1. expédie : est expéditif.

2. penchant : attirance, sentiment de sympathie ou d'amour.

3. façon : air, attitude, manière d'être.

MARTON. Il est généralement estimé, je le sais.

ARAMINTE. Je n'ai pas de peine à le croire : il a tout l'air de le mériter. Mais, Marton, il a si bonne mine pour un intendant, que je me fais quelque scrupule de le prendre ; n'en dira-t-on rien ?

MARTON. Et que voulez-vous qu'on dise ? Est-on obligé de n'avoir que des intendants mal faits ?

ARAMINTE. Tu as raison. Dis-lui qu'il revienne. Il n'était pas nécessaire de me préparer à le recevoir : dès que c'est Monsieur Remy qui me le donne[1], c'en est assez ; je le prends.

MARTON, *comme s'en allant.* Vous ne sauriez mieux choisir. *(Et puis revenant.)* Êtes-vous convenue du parti[2] que vous lui faites ? Monsieur Remy m'a chargée de vous en parler.

ARAMINTE. Cela est inutile. Il n'y aura point de dispute[3] là-dessus. Dès que[4] c'est un honnête[5] homme, il aura lieu d'être content. Appelez-le.

MARTON, *hésitant à partir.* On lui laissera ce petit appartement qui donne sur le jardin, n'est-ce pas ?

ARAMINTE. Oui, comme il voudra ; qu'il vienne.

(Marton va dans la coulisse.)

SCÈNE 7

DORANTE, ARAMINTE, MARTON

MARTON. Monsieur Dorante, Madame vous attend.

ARAMINTE. Venez, Monsieur ; je suis obligée[6] à Monsieur Remy d'avoir songé à moi. Puisqu'il me donne son neveu, je ne doute pas que ce ne soit un présent qu'il me fasse. Un

Notes

1. **donne** : au sens de « recommande ».
2. **parti** : emploi, situation.
3. **dispute** : discussion.
4. **Dès que** : vu que.
5. **honnête** : honorable.
6. **obligée** : reconnaissante.

de mes amis[1] me parla avant-hier d'un intendant qu'il doit m'envoyer aujourd'hui ; mais je m'en tiens à vous.

DORANTE. J'espère, Madame, que mon zèle justifiera la préférence dont vous m'honorez, et que je vous supplie de me conserver. Rien ne m'affligerait tant à présent que de la perdre.

MARTON. Madame n'a pas deux paroles.

ARAMINTE. Non, Monsieur ; c'est une affaire terminée, je renverrai tout[2]. Vous êtes au fait[3] des affaires apparemment ; vous y avez travaillé ?

DORANTE. Oui, Madame ; mon père était avocat, et je pourrais l'être moi-même.

ARAMINTE. C'est-à-dire que vous êtes un homme de très bonne famille, et même au-dessus du parti que vous prenez ?

DORANTE. Je ne sens rien qui m'humilie dans le parti que je prends, Madame ; l'honneur de servir une dame comme vous n'est au-dessous de qui que ce soit, et je n'envierai la condition de personne.

ARAMINTE. Mes façons ne vous feront point changer de sentiment. Vous trouverez ici tous les égards que vous méritez ; et si, dans les suites, il y avait occasion de vous rendre service, je ne la manquerai point.

MARTON. Voilà Madame : je la reconnais.

ARAMINTE. Il est vrai que je suis toujours fâchée de voir d'honnêtes[4] gens sans fortune, tandis qu'une infinité de gens de rien et sans mérite en ont une éclatante. C'est une chose qui me blesse, surtout dans les personnes de son âge ; car vous n'avez que trente ans tout au plus ?

Notes

1. Il s'agit du Comte, comme on le verra par la suite.
2. **tout** : toute autre personne.
3. **au fait** : au courant.
4. **honnêtes** : de famille honorable.

DORANTE. Pas tout à fait encore, Madame.

ARAMINTE. Ce qu'il y a de consolant pour vous, c'est que vous avez le temps de devenir heureux[1].

DORANTE. Je commence à l'être aujourd'hui, Madame.

ARAMINTE. On vous montrera l'appartement que je vous destine ; s'il ne vous convient pas, il y en a d'autres, et vous choisirez. Il faut aussi quelqu'un qui vous serve, et c'est à quoi je vais pourvoir. Qui lui donnerons-nous[2], Marton ?

MARTON. Il n'y a qu'à prendre Arlequin, Madame. Je le vois à l'entrée de la salle et je vais l'appeler. Arlequin ? parlez à Madame.

SCÈNE 8

ARAMINTE, DORANTE, MARTON,
ARLEQUIN, UN DOMESTIQUE

ARLEQUIN. Me voilà, Madame.

ARAMINTE. Arlequin, vous êtes à présent à Monsieur ; vous le servirez ; je vous donne à lui.

ARLEQUIN. Comment, Madame, vous me donnez à lui ! Est-ce que je ne serai plus à moi ? Ma personne ne m'appartiendra donc plus ?

MARTON. Quel benêt !

ARAMINTE. J'entends[3] qu'au lieu de me servir, ce sera lui que tu serviras.

Notes

1. **heureux** : favorisé par le sort ; « être heureux » signifie aussi « obtenir l'amour d'une femme » : c'est dans ce sens que Dorante l'emploie.

2. **Qui lui donnerons-nous** : quel serviteur lui attribuerons-nous.

3. **J'entends** : je veux dire.

ARLEQUIN, *comme pleurant.* Je ne sais pas pourquoi Madame me donne mon congé : je n'ai pas mérité ce traitement; je l'ai toujours servie à faire plaisir.

ARAMINTE. Je ne te donne point ton congé, je te payerai pour être à Monsieur.

ARLEQUIN. Je représente[1] à Madame que cela ne serait pas juste : je ne donnerai pas ma peine d'un côté, pendant que l'argent me viendra d'un autre. Il faut que vous ayez mon service, puisque j'aurai vos gages[2]; autrement je friponnerais[3], Madame.

ARAMINTE. Je désespère de lui faire entendre raison.

MARTON. Tu es bien sot! Quand je t'envoie quelque part ou que je te dis : fais telle ou telle chose, n'obéis-tu pas?

ARLEQUIN. Toujours.

MARTON. Eh bien! ce sera Monsieur qui te le dira comme moi, et ce sera à la place de Madame et par son ordre.

ARLEQUIN. Ah! c'est une autre affaire. C'est Madame qui donnera ordre à Monsieur de souffrir[4] mon service, quc je lui prêterai par le commandement de Madame.

MARTON. Voilà ce que c'est.

ARLEQUIN. Vous voyez bien que cela méritait explication.

UN DOMESTIQUE *vient.* Voici votre marchande qui vous apporte des étoffes, Madame.

ARAMINTE. Je vais les voir et je reviendrai. Monsieur, j'ai à vous parler d'une affaire; ne vous éloignez pas.

Notes

1. **Je représente** : j'explique, je montre.
2. **vos gages** : votre salaire.
3. **friponnerais** : serais un voleur.
4. **souffrir** : accepter.

SCÈNE 9

DORANTE, MARTON, ARLEQUIN

ARLEQUIN. Oh çà, Monsieur, nous sommes donc l'un à l'autre, et vous avez le pas sur moi[1] ? Je serai le valet qui sert, et vous le valet qui serez servi par ordre.

MARTON. Ce faquin[2] avec ses comparaisons ! Va-t'en.

ARLEQUIN. Un moment, avec votre permission[3]. Monsieur, ne payerez-vous rien ? Vous a-t-on donné ordre d'être servi gratis ?

(Dorante rit.)

MARTON. Allons, laisse-nous. Madame te payera ; n'est-ce pas assez ?

ARLEQUIN. Pardi, Monsieur, je ne vous coûterai donc guère ? On ne saurait avoir un valet à meilleur marché.

DORANTE. Arlequin a raison. Tiens, voilà d'avance ce que je te donne.

ARLEQUIN. Ah ! voilà une action de maître. À votre aise le reste[4].

DORANTE. Va boire à ma santé.

ARLEQUIN, *s'en allant.* Oh ! s'il ne faut que boire afin qu'elle soit bonne, tant que je vivrai, je vous la promets excellente. *(À part.)* Le gracieux[5] camarade qui m'est venu là par hasard !

Notes

1. **vous avez le pas sur moi :** vous avez autorité sur moi.
2. **faquin :** coquin, sot.
3. **avec votre permission :** s'il vous plaît.
4. **À votre aise le reste :** le reste quand vous voudrez.
5. **gracieux :** aimable.

SCÈNE 10

DORANTE, MARTON, MADAME ARGANTE,
qui arrive un instant après.

MARTON. Vous avez lieu d'être satisfait de l'accueil de Madame ; elle paraît faire cas de vous, et tant mieux, nous n'y perdons point. Mais voici Madame Argante ; je vous avertis que c'est sa mère, et je devine à peu près ce qui l'amène.

MADAME ARGANTE, *femme brusque et vaine*[1]. Eh bien, Marton, ma fille a un nouvel intendant que son procureur lui a donné, m'a-t-elle dit : j'en suis fâchée ; cela n'est point obligeant pour Monsieur le Comte, qui lui en avait retenu un. Du moins[2] devait-elle attendre, et les voir tous deux. D'où vient[3] préférer celui-ci ? Quelle espèce d'homme est-ce ?

MARTON. C'est Monsieur, Madame.

MADAME ARGANTE. Hé ! c'est Monsieur ! Je ne m'en serais pas doutée ; il est bien jeune.

MARTON. À trente ans, on est en âge d'être intendant de maison, Madame.

MADAME ARGANTE. C'est selon[4]. Êtes-vous arrêté[5], Monsieur ?

DORANTE. Oui, Madame.

MADAME ARGANTE. Et de chez qui sortez-vous ?

DORANTE. De chez moi, Madame : je n'ai encore été chez personne.

MADAME ARGANTE. De chez vous ! Vous allez donc faire ici votre apprentissage ?

Notes

1. ***brusque et vaine*** : peu polie et vaniteuse.
2. **Du moins** : au moins.
3. **D'où vient** : pourquoi.
4. **C'est selon** : cela dépend.
5. **arrêté** : engagé.

MARTON. Point du tout. Monsieur entend[1] les affaires ; il est fils d'un père extrêmement habile.

MADAME ARGANTE, *à Marton, à part*. Je n'ai pas grande opinion de cet homme-là. Est-ce là la figure d'un intendant ? Il n'en a non plus l'air…

MARTON, *à part aussi*. L'air n'y fait rien. Je vous réponds de lui ; c'est l'homme qu'il nous faut.

MADAME ARGANTE. Pourvu que Monsieur ne s'écarte pas des intentions que nous avons, il me sera indifférent que ce soit lui ou un autre.

DORANTE. Peut-on savoir ces intentions, Madame ?

MADAME ARGANTE. Connaissez-vous Monsieur le comte Dorimont ? C'est un homme d'un beau nom[2] ; ma fille et lui allaient avoir un procès ensemble au sujet d'une terre considérable, il ne s'agissait pas moins que de savoir à qui elle resterait[3], et on a songé à les marier, pour empêcher qu'ils ne plaident. Ma fille est veuve d'un homme qui était fort considéré dans le monde, et qui l'a laissée fort riche. Mais Madame la comtesse Dorimont aurait un rang si élevé, irait de pair[4] avec des personnes d'une si grande distinction, qu'il me tarde de voir ce mariage conclu ; et, je l'avoue, je serai charmée moi-même d'être la mère de Madame la comtesse Dorimont, et de plus que cela peut-être ; car Monsieur le comte Dorimont est en passe d'aller à tout[5].

DORANTE. Les paroles[6] sont-elles données de part et d'autre ?

MADAME ARGANTE. Pas tout à fait encore, mais à peu près ; ma fille n'en est pas éloignée. Elle souhaiterait seulement, dit-elle, d'être bien instruite de l'état de l'affaire et savoir si

Notes

1. **entend** : connaît.
2. **d'un beau nom** : d'une famille noble.
3. **resterait** : appartiendrait.
4. **irait de pair** : serait du même rang social.
5. **en passe d'aller à tout** : capable d'accéder à un haut rang.
6. **paroles** : engagements.

elle n'a pas meilleur droit que Monsieur le Comte, afin que, si elle l'épouse, il lui en ait plus d'obligation[1]. Mais j'ai quelquefois peur que ce ne soit une défaite[2]. Ma fille n'a qu'un défaut : c'est que je ne lui trouve pas assez d'élévation[3]. Le beau nom de Dorimont et le rang de comtesse ne la touchent pas assez ; elle ne sent pas le désagrément qu'il y a de n'être qu'une bourgeoise. Elle s'endort dans cet état, malgré le bien qu'elle a.

DORANTE, *doucement.* Peut-être n'en sera-t-elle pas plus heureuse, si elle en sort.

MADAME ARGANTE, *vivement.* Il ne s'agit pas de ce que vous en pensez. Gardez votre petite réflexion roturière[4], et servez-nous, si vous voulez être de nos amis.

MARTON. C'est un petit trait de morale qui ne gâte rien à notre affaire.

MADAME ARGANTE. Morale subalterne[5] qui me déplaît.

DORANTE. De quoi est-il question, Madame ?

MADAME ARGANTE. De dire à ma fille, quand vous aurez vu ses papiers, que son droit est le moins bon ; que, si elle plaidait, elle perdrait.

DORANTE. Si effectivement son droit est le plus faible, je ne manquerai pas de l'en avertir, Madame.

MADAME ARGANTE, *à part, à Marton.* Hum ! quel esprit borné ! *(À Dorante.)* Vous n'y êtes point ; ce n'est pas là ce qu'on vous dit ; on vous charge de lui parler ainsi, indépendamment de son droit bien ou mal fondé.

Notes

1. **obligation** : reconnaissance.
2. **défaite** : prétexte.
3. **élévation** : grandeur morale et intellectuelle. Mme Argante prend le terme uniquement dans un sens social : sa fille n'a pas assez d'ambition sociale.
4. **roturière** : sans noblesse, vulgaire.
5. **subalterne** : qui appartient à un rang inférieur.

DORANTE. Mais, Madame, il n'y aurait point de probité[1] à la tromper.

MADAME ARGANTE. De probité ! J'en manque donc, moi ? Quel raisonnement ! C'est moi qui suis sa mère, et qui vous ordonne de la tromper à son avantage, entendez-vous ? c'est moi, moi.

DORANTE. Il y aura toujours de la mauvaise foi[2] de ma part.

MADAME ARGANTE, *à part, à Marton.* C'est un ignorant que cela, qu'il faut renvoyer. Adieu, Monsieur l'homme d'affaires, qui n'avez fait celles de personne. *(Elle sort.)*

SCÈNE 11

DORANTE, MARTON

DORANTE. Cette mère-là ne ressemble guère à sa fille.

MARTON. Oui, il y a quelque différence ; et je suis fâchée de n'avoir pas eu le temps de vous prévenir sur son humeur brusque. Elle est extrêmement entêtée de[3] ce mariage, comme vous voyez. Au surplus, que vous importe ce que vous direz à la fille, dès que la mère sera votre garant[4] ? Vous n'aurez rien à vous reprocher, ce me semble ; ce ne sera pas là une tromperie.

DORANTE. Eh ! vous m'excuserez : ce sera toujours l'engager à prendre un parti qu'elle ne prendrait peut-être pas sans cela. Puisque l'on veut que j'aide à l'y déterminer[5], elle y résiste donc ?

MARTON. C'est par indolence[6].

Notes

1. **probité** : honnêteté.
2. **mauvaise foi** : absence de franchise, de loyauté.
3. **entêtée de** : fortement attachée à.
4. **la mère sera votre garant** : vous agirez sous la responsabilité de la mère.
5. **l'y déterminer** : se décider à cela.
6. **indolence** : indifférence.

DORANTE. Croyez-moi, disons la vérité.

MARTON. Oh çà[1], il y a une petite raison à laquelle vous devez vous rendre : c'est que Monsieur le Comte me fait présent de mille écus le jour de la signature du contrat; et cet argent-là, suivant le projet de Monsieur Remy, vous regarde aussi bien que moi, comme vous voyez.

DORANTE. Tenez, Mademoiselle Marton, vous êtes la plus aimable fille du monde; mais ce n'est que faute de réflexion que ces mille écus vous tentent.

MARTON. Au contraire, c'est par réflexion qu'ils me tentent : plus j'y rêve, et plus je les trouve bons.

DORANTE. Mais vous aimez votre maîtresse : et si elle n'était pas heureuse avec cet homme-là, ne vous reprocheriez-vous pas d'y avoir contribué pour une si misérable somme?

MARTON. Ma foi, vous avez beau dire : d'ailleurs, le Comte est un honnête homme, et je n'y entends point de finesse[2]. Voilà Madame qui revient : elle a à vous parler. Je me retire; méditez sur cette somme, vous la goûterez aussi bien que moi. *(Elle sort.)*

DORANTE. Je ne suis plus si fâché de la tromper.

SCÈNE 12

ARAMINTE, DORANTE

ARAMINTE. Vous avez donc vu ma mère?

DORANTE. Oui, Madame, il n'y a qu'un moment.

ARAMINTE. Elle me l'a dit, et voudrait bien que j'en eusse pris un autre que vous.

DORANTE. Il me l'a paru.

Notes

1. **Oh çà :** eh bien.

2. **finesse :** astuce, tromperie.

ARAMINTE. Oui, mais ne vous embarrassez point : vous me convenez.

DORANTE. Je n'ai point d'autre ambition.

ARAMINTE. Parlons de ce que j'ai à vous dire ; mais que ceci soit secret entre nous, je vous prie.

DORANTE. Je me trahirais plutôt moi-même.

ARAMINTE. Je n'hésite point non plus à vous donner ma confiance. Voici ce que c'est : on veut me marier avec Monsieur le comte Dorimont pour éviter un grand procès que nous aurions ensemble au sujet d'une terre que je possède.

DORANTE. Je le sais, Madame, et j'ai le malheur d'avoir déplu tout à l'heure là-dessus à Madame Argante.

ARAMINTE. Eh ! d'où vient ?

DORANTE. C'est que, si, dans votre procès, vous avez le bon droit de votre côté, on souhaite que je vous dise le contraire, afin de vous engager plus vite à ce mariage ; et j'ai prié qu'on m'en dispensât.

ARAMINTE. Que ma mère est frivole[1] ! Votre fidélité[2] ne me surprend point ; j'y comptais. Faites toujours de même, et ne vous choquez point de ce que ma mère vous a dit ; je la désapprouve : a-t-elle tenu quelque discours désagréable ?

DORANTE. Il n'importe, Madame, mon zèle et mon attachement en augmentent : voilà tout.

ARAMINTE. Et voilà pourquoi aussi je ne veux pas qu'on vous chagrine[3], et j'y mettrai bon ordre. Qu'est-ce que cela signifie ? Je me fâcherai, si cela continue. Comment donc ? vous ne seriez pas en repos ! On aura de mauvais procédés avec vous, parce que vous en avez d'estimables ; cela serait plaisant !

Notes

1. **frivole** : qui s'occupe de choses sans importance.

2. **fidélité** : loyauté, honnêteté.

3. **chagrine** : cause du tracas.

DORANTE. Madame, par toute la reconnaissance que je vous dois, n'y prenez point garde : je suis confus de vos bontés, et je suis trop heureux d'avoir été querellé.

ARAMINTE. Je loue vos sentiments. Revenons à ce procès dont il est question : si je n'épouse point Monsieur le Comte…

SCÈNE 13

DORANTE, ARAMINTE, DUBOIS

DUBOIS. Madame la Marquise se porte mieux, Madame *(il feint de voir Dorante avec surprise)*, et vous est fort obligée… fort obligée de votre attention. *(Dorante feint de détourner la tête, pour se cacher de Dubois.)*

ARAMINTE. Voilà qui est bien.

DUBOIS, *regardant toujours Dorante.* Madame, on m'a chargé aussi de vous dire un mot qui presse.

ARAMINTE. De quoi s'agit-il ?

DUBOIS. Il m'est recommandé de ne vous parler qu'en particulier.

ARAMINTE, *à Dorante.* Je n'ai point achevé ce que je voulais vous dire ; laissez-moi, je vous prie, un moment, et revenez.

SCÈNE 14

ARAMINTE, DUBOIS

ARAMINTE. Qu'est-ce que c'est donc que cet air étonné que tu as marqué, ce me semble, en voyant Dorante ? D'où vient cette attention à le regarder ?

DUBOIS. Ce n'est rien, sinon que je ne saurais[1] plus avoir l'honneur de servir Madame, et qu'il faut que je lui demande mon congé.

ARAMINTE, *surprise*. Quoi ! seulement pour avoir vu Dorante ici ?

DUBOIS. Savez-vous à qui vous avez affaire ?

ARAMINTE. Au neveu de Monsieur Remy, mon procureur.

DUBOIS. Eh ! par quel tour d'adresse est-il connu de Madame ? comment a-t-il fait pour arriver jusqu'ici ?

ARAMINTE. C'est Monsieur Remy qui me l'a envoyé pour intendant.

DUBOIS. Lui, votre intendant ! Et c'est Monsieur Remy qui vous l'envoie : hélas ! le bon homme[2], il ne sait pas qui il vous donne ; c'est un démon que ce garçon-là.

ARAMINTE. Mais que signifient tes exclamations ? Explique-toi : est-ce que tu le connais ?

DUBOIS. Si je le connais, Madame ! si je le connais ! Ah vraiment oui ; et il me connaît bien aussi. N'avez-vous pas vu comme il se détournait de peur que je ne le visse ?

ARAMINTE. Il est vrai ; et tu me surprends à mon tour. Serait-il capable de quelque mauvaise action, que tu saches ? Est-ce que ce n'est pas un honnête homme ?

DUBOIS. Lui ! il n'y a point de plus brave homme dans toute la Terre ; il a, peut-être, plus d'honneur à lui tout seul que cinquante honnêtes gens ensemble. Oh ! c'est une probité merveilleuse ; il n'a peut-être pas son pareil.

ARAMINTE. Eh ! de quoi peut-il donc être question ? D'où vient que tu m'alarmes ? En vérité, j'en suis tout émue.

Notes

1. **saurais** : pourrais.

2. « Le bon homme » est une expression ironique.

DUBOIS. Son défaut, c'est là. *(Il se touche le front.)* C'est à la tête que le mal le tient.

ARAMINTE. À la tête ?

DUBOIS. Oui, il est timbré[1], mais timbré comme cent.

ARAMINTE. Dorante ! il m'a paru de très bon sens. Quelle preuve as-tu de sa folie ?

DUBOIS. Quelle preuve ? Il y a six mois qu'il est tombé fou ; il y a six mois qu'il extravague[2] d'amour, qu'il en a la cervelle brûlée, qu'il en est comme un perdu ; je dois bien[3] le savoir, car j'étais à lui, je le servais ; et c'est ce qui m'a obligé de le quitter, et c'est ce qui me force de m'en aller encore ; ôtez cela, c'est un homme incomparable.

ARAMINTE, *un peu boudant.* Oh bien ! il fera ce qu'il voudra ; mais je ne le garderai pas : on a bien affaire d'un esprit renversé[4] ; et peut-être encore, je gage[5], pour quelque objet[6] qui n'en vaut pas la peine ; car les hommes ont des fantaisies…

DUBOIS. Ah ! vous m'excuserez ; pour ce qui est de l'objet, il n'y a rien à dire. Malepeste[7] ! sa folie est de bon goût.

ARAMINTE. N'importe, je veux le congédier. Est-ce que tu la connais, cette personne ?

DUBOIS. J'ai l'honneur de la voir tous les jours ; c'est vous, Madame.

ARAMINTE. Moi, dis-tu ?

DUBOIS. Il vous adore ; il y a six mois qu'il n'en vit point, qu'il donnerait sa vie pour avoir le plaisir de vous contempler un instant. Vous avez dû voir qu'il a l'air enchanté[8], quand il vous parle.

Notes

1. **timbré** : fou ; le terme est moins familier que maintenant.
2. **extravague** : délire.
3. **je dois bien** : j'ai des raisons de.
4. **renversé** : déséquilibré.
5. **gage** : parie.
6. **objet** : personne aimée.
7. « *Malepeste* » est une interjection.
8. **enchanté** : ensorcelé.

ARAMINTE. Il y a bien en effet quelque petite chose qui m'a paru extraordinaire. Eh ! juste Ciel ! le pauvre garçon, de quoi s'avise-t-il[1] ?

DUBOIS. Vous ne croiriez pas jusqu'où va sa démence ; elle le ruine, elle lui coupe la gorge. Il est bien fait, d'une figure passable, bien élevé et de bonne famille ; mais il n'est pas riche ; et vous saurez qu'il n'a tenu qu'à lui d'épouser des femmes qui l'étaient, et de fort aimables[2], ma foi, qui offraient de lui faire sa fortune et qui auraient mérité qu'on la leur fît à elles-mêmes : il y en a une qui n'en saurait revenir[3], et qui le poursuit encore tous les jours ; je le sais, car je l'ai rencontrée.

ARAMINTE, *avec négligence.* Actuellement ?

DUBOIS. Oui, Madame, actuellement, une grande brune très piquante[4], et qu'il fuit. Il n'y a pas moyen ; Monsieur refuse tout. Je les tromperais, me disait-il ; je ne puis les aimer, mon cœur est parti. Ce qu'il disait quelquefois la larme à l'œil ; car il sent bien son tort.

ARAMINTE. Cela est fâcheux ; mais où m'a-t-il vue, avant que de[5] venir chez moi, Dubois ?

DUBOIS. Hélas ! Madame, ce fut un jour que vous sortîtes de l'Opéra, qu'il perdit la raison ; c'était un vendredi, je m'en ressouviens ; oui, un vendredi ; il vous vit descendre l'escalier, à ce qu'il me raconta, et vous suivit jusqu'à votre carrosse ; il avait demandé votre nom, et je le trouvai qui était comme extasié[6] ; il ne remuait plus.

ARAMINTE. Quelle aventure[7] !

Notes

1. **de quoi s'avise-t-il** : à quoi pense-t-il.
2. **aimables** : dignes d'être aimées.
3. **n'en saurait revenir** : qui ne pourrait changer de sentiment pour lui.
4. **piquante** : charmante.
5. **avant que de** : avant de.
6. **extasié** : hors de lui-même.
7. **aventure** : événement imprévu, étonnant.

DUBOIS. J'eus beau lui crier : Monsieur! Point de nouvelles, il n'y avait personne au logis[1]. À la fin, pourtant, il revint à lui avec un air égaré ; je le jetai dans une voiture, et nous retournâmes à la maison. J'espérais que cela se passerait, car je l'aimais : c'est le meilleur maître! Point du tout, il n'y avait plus de ressource : ce bon sens, cet esprit jovial[2], cette humeur charmante, vous aviez tout expédié[3] ; et dès le lendemain nous ne fîmes plus tous deux, lui, que rêver à vous, que vous aimer ; moi, d'épier depuis le matin jusqu'au soir où vous alliez.

ARAMINTE. Tu m'étonnes à un point!...

DUBOIS. Je me fis même ami d'un de vos gens qui n'y est plus, un garçon fort exact[4], et qui m'instruisait, et à qui je payais bouteille. C'est à la Comédie[5] qu'on va, me disait-il ; et je courais faire mon rapport, sur lequel, dès quatre heures[6], mon homme était à la porte. C'est chez Madame celle-ci, c'est chez Madame celle-là ; et sur cet avis, nous allions toute la soirée habiter la rue, ne vous déplaise, pour voir Madame entrer et sortir, lui dans un fiacre[7], et moi derrière, tous deux morfondus[8] et gelés ; car c'était dans l'hiver ; lui, ne s'en souciant guère ; moi, jurant par-ci par-là pour me soulager.

ARAMINTE. Est-il possible ?

DUBOIS. Oui, Madame. À la fin, ce train de vie m'ennuya ; ma santé s'altérait, la sienne aussi. Je lui fis accroire[9] que vous étiez à la campagne, il le crut, et j'eus quelque repos. Mais n'alla-t-il pas, deux jours après, vous rencontrer aux

Notes

1. **il n'y avait personne au logis** : se dit de quelqu'un qui a perdu la raison.
2. **jovial** : gai.
3. **expédié** : anéanti.
4. **exact** : qui donne des renseignements justes.
5. **Comédie** : la Comédie-Française.
6. Les spectacles commençaient vers 17 h.
7. **fiacre** : voiture à cheval que l'on loue.
8. **morfondus** : pénétrés d'humidité et de froid.
9. **accroire** : croire.

Tuileries[1], où il avait été s'attrister de votre absence. Au retour il était furieux, il voulut me battre, tout bon qu'il est; moi, je ne le voulus point, et je le quittai. Mon bonheur[2] ensuite m'a mis chez Madame, où, à force de se démener, je le trouve parvenu à votre intendance; ce qu'il ne troquerait[3] pas contre la place de l'empereur.

ARAMINTE. Y a-t-il rien de si particulier? Je suis si lasse d'avoir des gens qui me trompent, que je me réjouissais de l'avoir, parce qu'il a de la probité; ce n'est pas que je sois fâchée, car je suis bien au-dessus de cela.

DUBOIS. Il y aura de la bonté à le renvoyer. Plus il voit Madame, plus il s'achève[4].

ARAMINTE. Vraiment, je le renverrais bien; mais ce n'est pas là ce qui le guérira. D'ailleurs, je ne sais que dire à Monsieur Remy, qui me l'a recommandé, et ceci m'embarrasse. Je ne vois pas trop comment m'en défaire, honnêtement.

DUBOIS. Oui; mais vous ferez un incurable[5], Madame.

ARAMINTE, *vivement*. Oh! tant pis pour lui. Je suis dans des circonstances où je ne saurais me passer d'un intendant; et puis, il n'y a pas tant de risque que tu le crois : au contraire, s'il y avait quelque chose qui pût ramener[6] cet homme, c'est l'habitude de me voir plus qu'il n'a fait; ce serait même un service à lui rendre.

DUBOIS. Oui; c'est un remède bien innocent. Premièrement, il ne vous dira mot; jamais vous n'entendrez parler de son amour.

ARAMINTE. En es-tu bien sûr?

Notes

1. **Tuileries** : jardins des Tuileries.
2. **bonheur** : chance.
3. **troquerait** : échangerait.
4. **il s'achève** : il se met dans une situation critique.
5. **incurable** : que l'on ne peut guérir.
6. **ramener** : ramener à la raison.

DUBOIS. Oh ! il ne faut pas en avoir peur ; il mourrait plutôt. Il a un respect, une adoration, une humilité pour vous, qui n'est pas concevable. Est-ce que vous croyez qu'il songe à être aimé ? Nullement. Il dit que dans l'univers il n'y a personne qui le mérite ; il ne veut que vous voir, vous considérer, regarder vos yeux, vos grâces, votre belle taille ; et puis c'est tout : il me l'a dit mille fois.

ARAMINTE, *haussant les épaules*. Voilà qui est bien digne de compassion ! Allons, je patienterai quelques jours, en attendant que j'en aie un autre[1] ; au surplus, ne crains rien, je suis contente de toi ; je récompenserai ton zèle, et je ne veux pas que tu me quittes, entends-tu, Dubois.

DUBOIS. Madame, je vous suis dévoué pour la vie.

ARAMINTE. J'aurai soin de toi ; surtout qu'il ne sache pas que je suis instruite ; garde un profond secret ; et que tout le monde, jusqu'à Marton, ignore ce que tu m'as dit ; ce sont de ces choses qui ne doivent jamais percer[2].

DUBOIS. Je n'en ai jamais parlé qu'à Madame.

ARAMINTE. Le voici qui revient ; va-t'en.

Notes

1. **un autre** : un autre intendant.

2. **percer** : être découvertes.

Voir Méthode, p. 153.

Se préparer à l'oral du Bac

Analyse d'une fausse confidence (l. 55 à 122, pp. 35 à 38)

Conseils pour la lecture à haute voix

› Faites sentir la volonté de convaincre de Dubois, son ton persuasif.

› Faites ressortir également le comique de ses répliques.

› Rendez compte du double jeu d'Araminte, pleine de curiosité sans vouloir le montrer.

Explication linéaire

Introduction

À la scène 14 de l'acte I des *Fausses Confidences* de Marivaux, Dorante est installé chez Araminte en tant qu'intendant. Il a montré ses compétences et ses qualités humaines d'honnêteté. Les « clans » se sont mis en place et les tensions s'avivent autour des deux intendants, Dorante et celui proposé par le Comte, et autour du procès (prouvé gagnant par Dorante contrairement au plan de Mme Argan) qui a pour conséquence le mariage entre la jeune veuve et le Comte. C'est le moment que choisit Dubois pour faire « confidence » à Araminte de l'amour de Dorante pour elle, mêlant, dans un récit héroï-comique, vérité et mensonge pour mieux la manipuler.

I. Un portrait très orienté de Dorante (l. 55 à 77)

1. Pourquoi Dubois attend-il cette scène pour révéler à Araminte l'amour de Dorante ?

2. Dans ce passage, quels sentiments Dubois veut-il susciter chez Araminte et par quels moyens ?

3. Comment Araminte réagit-elle à cette présentation de Dorante par Dubois ?

II. Le récit d'un coup de foudre (l. 78 à 122)

4. Quelle image de Dorante et de l'amour Dubois donne-t-il dans son récit (l. 78 à 106) ? En quoi est-elle romanesque ?

5. Par quelles précisions Dubois rend-il son récit crédible (l. 78 à 116) ?

6 Quelle est la place du comique dans ce récit (l. 78 à 116) ? Observez le vocabulaire, les tournures de phrases, le portrait que Dubois fait de Dorante...

7 Dans l'ensemble de cet extrait, qu'est-ce qui, dans les paroles de Dubois, en fait des « fausses confidences » ?

8 Araminte semble-t-elle entièrement sincère dans ses réponses (l. 84 à 120) ?

Conclusion

Cette scène met en valeur les talents de manipulateur de Dubois qui sait attiser la curiosité d'Araminte et la manipuler par une « confidence » très orientée. Le spectateur, qui lui-même a du mal à démêler la vérité du mensonge, s'amuse des manœuvres du valet et prend plaisir à voir céder les premières défenses d'Araminte.

Grammaire

Les subordonnées conjonctives circonstancielles de temps

• Les subordonnées conjonctives de temps sont introduites par :
– des conjonctions de subordination *(quand, lorsque, comme...)* ;
– des locutions conjonctives formées, souvent, d'une préposition suivie d'une conjonction *(avant que, depuis que, dès que, pendant que...)*.

• Certaines sont constituées d'un substantif accompagné d'une conjonction : *une fois que, à mesure que, du temps que, dès l'instant que...*

9 Analysez la subordonnée circonstancielle temporelle dans la phrase « *ce fut un jour que vous sortîtes de l'Opéra, qu'il perdit la raison* ».

SCÈNE 15

DORANTE, ARAMINTE

ARAMINTE, *un moment seule.* La vérité est que voici une confidence dont je me serais bien passée moi-même.

DORANTE. Madame, je me rends à vos ordres.

ARAMINTE. Oui, Monsieur; de quoi vous parlais-je? Je l'ai oublié.

DORANTE. D'un procès avec Monsieur le comte Dorimont.

ARAMINTE. Je me remets[1]; je vous disais qu'on veut nous marier.

DORANTE. Oui, Madame, et vous alliez, je crois, ajouter que vous n'étiez pas portée[2] à ce mariage.

ARAMINTE. Il est vrai. J'avais envie de vous charger d'examiner l'affaire, afin de savoir si je ne risquerais rien à plaider; mais je crois devoir vous dispenser de ce travail; je ne suis pas sûre de pouvoir vous garder.

DORANTE. Ah! Madame, vous avez eu la bonté de me rassurer là-dessus.

ARAMINTE. Oui; mais je ne faisais pas réflexion que j'ai promis à Monsieur le Comte de prendre un intendant de sa main[3]; vous voyez bien qu'il ne serait pas honnête de lui manquer de parole; et du moins faut-il que je parle à celui qu'il m'amènera.

DORANTE. Je ne suis pas heureux; rien ne me réussit, et j'aurai la douleur d'être renvoyé.

ARAMINTE, *par faiblesse.* Je ne dis pas cela; il n'y a rien de résolu là-dessus.

Notes

1. **Je me remets** : je me souviens.
2. **portée** : disposée.
3. **de sa main** : venant de sa part.

DORANTE. Ne me laissez point dans l'incertitude où je suis, Madame.

ARAMINTE. Eh ! mais, oui, je tâcherai que vous restiez ; je tâcherai.

DORANTE. Vous m'ordonnez donc de vous rendre compte de l'affaire en question ?

ARAMINTE. Attendons ; si j'allais épouser le Comte, vous auriez pris une peine inutile.

DORANTE. Je croyais avoir entendu dire à Madame qu'elle n'avait point de penchant pour lui.

ARAMINTE. Pas encore.

DORANTE. Et d'ailleurs, votre situation[1] est si tranquille et si douce.

ARAMINTE, *à part.* Je n'ai pas le courage de l'affliger !... Eh bien, oui-da[2] ; examinez toujours, examinez. J'ai des papiers dans mon cabinet, je vais les chercher. Vous viendrez les prendre, et je vous les donnerai. *(En s'en allant.)* Je n'oserais presque le regarder.

SCÈNE 16

DORANTE, DUBOIS, *venant d'un air mystérieux et comme passant.*

DUBOIS. Marton vous cherche pour vous montrer l'appartement qu'on vous destine. Arlequin est allé boire. J'ai dit que j'allais vous avertir. Comment vous traite-t-on ?

DORANTE. Qu'elle est aimable ! Je suis enchanté ! De quelle façon a-t-elle reçu ce que tu lui as dit ?

Notes

1. Sa situation de riche veuve, qui lui procure l'indépendance.

2. **oui-da** : oui (forme renforcée).

DUBOIS, *comme en fuyant.* Elle opine[1] tout doucement à vous garder par compassion : elle espère vous guérir par l'habitude de la voir.

DORANTE, *charmé.* Sincèrement ?

DUBOIS. Elle n'en réchappera point ; c'est autant de pris[2]. Je m'en retourne.

DORANTE. Reste, au contraire ; je crois que voici Marton. Dis-lui que Madame m'attend pour me remettre des papiers, et que j'irai la trouver dès que je les aurai.

DUBOIS. Partez ; aussi bien ai-je un petit avis à donner à Marton. Il est bon de jeter dans tous les esprits les soupçons dont nous avons besoin.

SCÈNE 17

DUBOIS, MARTON

MARTON. Où est donc Dorante ? Il me semble l'avoir vu avec toi.

DUBOIS, *brusquement.* Il dit que Madame l'attend pour des papiers, il reviendra ensuite. Au reste, qu'est-il nécessaire qu'il voie cet appartement ? S'il n'en voulait pas, il serait bien délicat : pardi[3], je lui conseillerais…

MARTON. Ce ne sont pas là tes affaires : je suis les ordres de Madame.

DUBOIS. Madame est bonne et sage ; mais prenez garde : ne trouvez-vous pas que ce petit galant[4]-là fait les yeux doux ?

MARTON. Il les fait comme il les a.

Notes

1. **opine** : consent.
2. **pris** : gagné.
3. **pardi** : vraiment (interjection).
4. **galant** : qui cherche à plaire aux femmes.

DUBOIS. Je me trompe fort, si je n'ai pas vu la mine de ce freluquet[1] considérer, je ne sais où, celle de Madame.

MARTON. Eh bien, est-ce qu'on te fâche quand on la trouve belle ?

DUBOIS. Non. Mais je me figure quelquefois qu'il n'est venu ici que pour la voir de plus près.

MARTON, *riant*. Ah ! ah ! quelle idée ! Va, tu n'y entends[2] rien ; tu t'y connais mal.

DUBOIS, *riant*. Ah ! ah ! je suis donc bien sot.

MARTON, *riant en s'en allant*. Ah ! ah ! l'original[3] avec ses observations !

DUBOIS, *seul*. Allez, allez, prenez toujours. J'aurai soin de vous les faire trouver meilleures. Allons faire jouer toutes nos batteries[4].

Notes

1. freluquet : personne sans valeur et prétentieuse.
2. entends : comprends.
3. original : extravagant.
4. faire jouer toutes nos batteries : mettre en œuvre tous nos stratagèmes (vocabulaire militaire).

Dorante.

Acte II

SCÈNE 1

ARAMINTE, DORANTE

DORANTE. Non, Madame, vous ne risquez rien ; vous pouvez plaider en toute sûreté. J'ai même consulté plusieurs personnes, l'affaire est excellente ; et si vous n'avez que le motif dont vous parlez pour épouser Monsieur le Comte, rien ne vous oblige à ce mariage.

ARAMINTE. Je l'affligerai beaucoup, et j'ai de la peine à m'y résoudre.

DORANTE. Il ne serait pas juste de vous sacrifier à la crainte de l'affliger.

ARAMINTE. Mais avez-vous bien examiné ? Vous me disiez tantôt que mon état[1] était doux et tranquille ; n'aimeriez-vous pas mieux que j'y restasse ? N'êtes-vous pas un peu trop prévenu contre le mariage[2], et par conséquent contre Monsieur le Comte ?

DORANTE. Madame, j'aime mieux vos intérêts que les siens, et que ceux de qui que ce soit au monde.

Notes

1. **mon état :** ma situation de veuve.

2. **prévenu contre le mariage :** hostile au mariage.

ARAMINTE. Je ne saurais y trouver à redire. En tout cas, si je l'épouse, et qu'il veuille en mettre un autre ici à votre place, vous n'y perdrez point ; je vous promets de vous en trouver une meilleure.

DORANTE, *tristement*. Non, Madame, si j'ai le malheur de perdre celle-ci, je ne serai plus à personne[1] ; et apparemment que je la perdrai ; je m'y attends.

ARAMINTE. Je crois pourtant que je plaiderai : nous verrons.

DORANTE. J'avais encore une petite chose à vous dire, Madame. Je viens d'apprendre que le concierge[2] d'une de vos terres est mort : on pourrait y mettre un de vos gens ; et j'ai songé à Dubois, que je remplacerai ici par un domestique dont je réponds.

ARAMINTE. Non, envoyez plutôt votre homme au château, et laissez-moi Dubois : c'est un garçon de confiance, qui me sert bien et que je veux garder. À propos, il m'a dit, ce me semble, qu'il avait été à vous quelque temps ?

DORANTE, *feignant un peu d'embarras*. Il est vrai, Madame ; il est fidèle, mais peu exact. Rarement, au reste, ces gens-là parlent-ils bien de ceux qu'ils ont servis. Ne me nuirait-il point dans votre esprit ?

ARAMINTE. *négligemment*. Celui-ci dit beaucoup de bien de vous, et voilà tout. Que me veut Monsieur Remy ?

Notes

1. **à personne** : au service de personne.

2. **concierge** : personne qui surveille l'entrée d'un bâtiment ou d'un domaine.

SCÈNE 2

ARAMINTE, DORANTE, MONSIEUR REMY

MONSIEUR REMY. Madame, je suis votre très humble serviteur. Je viens vous remercier de la bonté que vous avez eue de prendre mon neveu à ma recommandation.

ARAMINTE. Je n'ai pas hésité, comme vous l'avez vu.

MONSIEUR REMY. Je vous rends mille grâces. Ne m'aviez-vous pas dit qu'on vous en offrait un autre ?

ARAMINTE. Oui, Monsieur.

MONSIEUR REMY. Tant mieux ; car je viens vous demander celui-ci pour une affaire d'importance.

DORANTE, *d'un air de refus*. Et d'où vient, Monsieur ?

MONSIEUR REMY. Patience !

ARAMINTE. Mais, Monsieur Remy, ceci est un peu vif[1] ; vous prenez assez mal votre temps[2], et j'ai refusé l'autre personne.

DORANTE. Pour moi, je ne sortirai[3] jamais de chez Madame, qu'elle[4] ne me congédie.

MONSIEUR REMY, *brusquement*. Vous ne savez ce que vous dites. Il faut pourtant sortir ; vous allez voir. Tenez, Madame, jugez-en vous-même ; voici de quoi il est question : c'est une dame de trente-cinq ans, qu'on dit jolie femme, estimable, et de quelque distinction ; qui ne déclare pas son nom ; qui dit que j'ai été son procureur ; qui a quinze mille livres de rente[5] pour le moins, ce qu'elle prouvera ; qui a vu Monsieur chez moi, qui lui a parlé, qui sait qu'il n'a pas de bien, et qui offre de l'épouser sans délai. Et la personne qui est venue chez

Notes

1. vif : brusque, rapide.

2. vous prenez assez mal votre temps : vous n'arrivez pas au bon moment.

3. ne sortirai : ne quitterai ma place d'intendant.

4. qu'elle : à moins qu'elle.

5. C'est une belle somme mais qui ne représente que le quart du revenu d'Araminte.

moi de sa part[1] doit revenir tantôt pour savoir la réponse, et vous mener tout de suite chez elle. Cela est-il net ? Y a-t-il à consulter là-dessus ? Dans deux heures il faut être au logis. Ai-je tort, Madame ?

ARAMINTE, *froidement.* C'est à lui à[2] répondre.

MONSIEUR REMY. Eh bien ! à quoi pense-t-il donc ? Viendrez-vous ?

DORANTE. Non, Monsieur, je ne suis pas dans cette disposition-là.

MONSIEUR REMY. Hum ! Quoi ? Entendez-vous ce que je vous dis, qu'elle a quinze mille livres de rente ? entendez-vous ?

DORANTE. Oui, Monsieur ; mais en eût-elle vingt fois davantage, je ne l'épouserais pas ; nous ne serions heureux ni l'un ni l'autre : j'ai le cœur pris ; j'aime ailleurs.

MONSIEUR REMY, *d'un ton railleur, et traînant ses mots.* J'ai le cœur pris : voilà qui est fâcheux ! Ah, ah, le cœur est admirable ! Je n'aurais jamais deviné la beauté des scrupules de ce cœur-là, qui veut qu'on reste intendant de la maison d'autrui pendant qu'on peut l'être de la sienne ! Est-ce là votre dernier mot, berger fidèle[3] ?

DORANTE. Je ne saurais changer de sentiment, Monsieur.

MONSIEUR REMY. Oh ! le sot cœur, mon neveu ; vous êtes un imbécile, un insensé ; et je tiens celle que vous aimez pour une guenon, si elle n'est pas de mon sentiment[4] ; n'est-il pas vrai, Madame, et ne le trouvez-vous pas extravagant ?

ARAMINTE, *doucement.* Ne le querellez point. Il paraît avoir tort ; j'en conviens.

Notes

1. Il s'agit, sans doute, d'un nouveau stratagème de Dubois qui avait déjà parlé (I, 14) d'une « *brune très piquante* » fortement attirée par Dorante.
2. **à** : de.
3. **berger fidèle** : allusion ironique à une cantate de Jean-Philippe Rameau donnée en 1728, inspirée de la tragi-comédie de Guarini *Il Pastor fido* (1589).
4. **sentiment** : avis.

MONSIEUR REMY, *vivement.* Comment, Madame ! il pourrait…

ARAMINTE. Dans sa façon de penser je l'excuse. Voyez pourtant, Dorante, tâchez de vaincre votre penchant, si vous le pouvez. Je sais bien que cela est difficile.

DORANTE. Il n'y a pas moyen, Madame : mon amour m'est plus cher que ma vie.

MONSIEUR REMY, *d'un air étonné.* Ceux qui aiment les beaux sentiments doivent être contents ; en voilà un des plus curieux qui se fassent. Vous trouvez donc cela raisonnable, Madame ?

ARAMINTE. Je vous laisse, parlez-lui vous-même. *(À part.)* Il me touche tant, qu'il faut que je m'en aille. *(Elle sort.)*

DORANTE, *à part.* Il ne croit pas si bien me servir.

SCÈNE 3

DORANTE, MONSIEUR REMY, MARTON

MONSIEUR REMY, *regardant son neveu.* Dorante, sais-tu bien qu'il n'y a pas de fou aux Petites-Maisons[1] de ta force ? *(Marton arrive.)* Venez, Mademoiselle Marton.

MARTON. Je viens d'apprendre que vous étiez ici.

MONSIEUR REMY. Dites-nous un peu votre sentiment ; que pensez-vous de quelqu'un qui n'a point de bien, et qui refuse d'épouser une honnête et fort jolie femme, avec quinze mille livres de rente bien venants[2] ?

MARTON. Votre question est bien aisée à décider. Ce quelqu'un rêve.

MONSIEUR REMY, *montrant Dorante.* Voilà le rêveur ; et pour excuse, il allègue[3] son cœur que vous avez pris ; mais comme apparemment il n'a pas encore emporté le vôtre, et que je

Notes

1. **Petites-Maisons :** hospice de fous à Paris.

2. **bien venants :** payés régulièrement.

3. **allègue :** cite comme justification.

vous crois encore à peu près dans tout votre bon sens, vu le peu de temps qu'il y a que vous le connaissez, je vous prie de m'aider à le rendre plus sage. Assurément vous êtes fort jolie, mais vous ne le disputerez point à[1] un pareil établissement[2]; il n'y a point de beaux yeux qui vaillent ce prix-là.

MARTON. Quoi! Monsieur Remy, c'est de Dorante que vous parlez? C'est pour se garder à moi qu'il refuse d'être riche?

MONSIEUR REMY. Tout juste, et vous êtes trop généreuse pour le souffrir.

MARTON, *avec un air de passion.* Vous vous trompez, Monsieur, je l'aime trop moi-même pour l'en empêcher, et je suis enchantée. Ah! Dorante, que je vous estime! Je n'aurais pas cru que vous m'aimassiez tant.

MONSIEUR REMY. Courage! je ne fais que vous le montrer, et vous en êtes déjà coiffée[3]! Pardi, le cœur d'une femme est bien étonnant! le feu y prend bien vite.

MARTON, *comme chagrine.* Eh! Monsieur, faut-il tant de bien pour être heureux? Madame, qui a de la bonté pour moi, suppléera en partie par sa générosité à[4] ce qu'il me sacrifie. Que je vous ai d'obligation, Dorante!

DORANTE. Oh! non, Mademoiselle, aucune; vous n'avez point de gré à me savoir de ce que je fais; je me livre à mes sentiments, et ne regarde que moi là-dedans. Vous ne me devez rien; je ne pense pas à votre reconnaissance.

MARTON. Vous me charmez : que de délicatesse! Il n'y a encore rien de si tendre que ce que vous me dites.

MONSIEUR REMY. Par ma foi, je ne m'y connais donc guère; car je le trouve bien plat. *(À Marton.)* Adieu, la belle enfant;

Notes

1. **vous ne le disputerez point à :** vous ne rivaliserez pas avec.
2. **établissement :** mariage.
3. **coiffée :** amoureuse.
4. **suppléera [...] à :** compensera.

je ne vous aurais, ma foi, pas évaluée ce qu'il vous achète. Serviteur[1], idiot, garde ta tendresse, et moi ma succession.

(Il sort.)

MARTON. Il est en colère, mais nous l'apaiserons.

DORANTE. Je l'espère. Quelqu'un vient.

MARTON. C'est le Comte, celui dont je vous ai parlé, et qui doit épouser Madame.

DORANTE. Je vous laisse donc ; il pourrait me parler de son procès : vous savez ce que je vous ai dit là-dessus, et il est inutile que je le voie.

SCÈNE 4

LE COMTE, MARTON

LE COMTE. Bonjour, Marton.

MARTON. Vous voilà donc revenu, Monsieur ?

LE COMTE. Oui. On m'a dit qu'Araminte se promenait dans le jardin, et je viens d'apprendre de sa mère une chose qui me chagrine[2] : je lui avais retenu un intendant, qui devait aujourd'hui entrer chez elle, et cependant elle en a pris un autre, qui ne plaît point à la mère, et dont nous n'avons rien à espérer.

MARTON. Nous n'en devons rien craindre non plus, Monsieur. Allez, ne vous inquiétez point, c'est un galant homme[3] ; et si la mère n'en est pas contente, c'est un peu de sa faute : elle a débuté[4] tantôt par le brusquer d'une manière si outrée, l'a traité si mal, qu'il n'est pas étonnant qu'elle ne l'ait point

Notes

1. **Serviteur** : formule de congé pour dire « au revoir ».

2. **me chagrine** : me tourmente, m'ennuie.

3. **galant homme** : homme d'honneur.

4. **débuté** : commencé.

gagné[1]. Imaginez-vous qu'elle l'a querellé de ce qu'il est bien fait.

LE COMTE. Ne serait-ce point lui que je viens de voir sortir d'avec vous ?

MARTON. Lui-même.

LE COMTE. Il a bonne mine, en effet, et n'a pas trop l'air de ce qu'il est.

MARTON. Pardonnez-moi, Monsieur ; car il est honnête homme.

LE COMTE. N'y aurait-il pas moyen de raccommoder[2] cela ? Araminte ne me hait pas, je pense, mais elle est lente à se déterminer ; et pour achever de la résoudre[3], il ne s'agirait plus que de lui dire que le sujet de notre discussion est douteux pour elle[4]. Elle ne voudra pas soutenir l'embarras d'un procès. Parlons à cet intendant ; s'il ne faut que de l'argent pour le mettre dans nos intérêts, je ne l'épargnerai pas.

MARTON. Oh ! non, ce n'est point un homme à mener par là ; c'est le garçon de France le plus désintéressé.

LE COMTE. Tant pis ! ces gens-là ne sont bons à rien.

MARTON. Laissez-moi faire.

SCÈNE 5

LE COMTE, ARLEQUIN, MARTON

ARLEQUIN. Mademoiselle, voilà un homme qui en demande un autre ; savez-vous qui c'est ?

Notes

1. ne l'ait point gagné : n'ait point gagné sa sympathie.
2. raccommoder : arranger.
3. résoudre : décider.
4. le sujet de notre discussion est douteux pour elle : elle risque de perdre son procès.

MARTON, *brusquement*. Et qui est cet autre ? À quel homme en veut-il ?

ARLEQUIN. Ma foi, je n'en sais rien ; c'est de quoi je m'informe à vous.

MARTON. Fais-le entrer.

ARLEQUIN, *le faisant sortir des coulisses*. Hé ! le garçon : venez ici dire votre affaire.

SCÈNE 6

LE COMTE, MARTON, LE GARÇON

1 MARTON. Qui cherchez-vous ?

LE GARÇON. Mademoiselle, je cherche un certain monsieur à qui j'ai à rendre un portrait avec une boîte qu'il nous a fait faire. Il nous a dit qu'on ne la remît qu'à lui-même, et qu'il viendrait la prendre ; mais comme mon père est obligé de partir demain pour un petit voyage, il m'a envoyé pour la lui rendre, et on m'a dit que je saurais de ses nouvelles ici. Je le connais de vue, mais je ne sais pas son nom.

MARTON. N'est-ce pas vous, Monsieur le Comte ?

LE COMTE. Non, sûrement.

LE GARÇON. Je n'ai point affaire à Monsieur, Mademoiselle ; c'est une autre personne.

MARTON. Et chez qui vous a-t-on dit que vous le trouveriez ?

LE GARÇON. Chez un procureur qui s'appelle Monsieur Remy.

LE COMTE. Ah ! n'est-ce pas le procureur de Madame ? Montrez-nous la boîte.

LE GARÇON. Monsieur, cela m'est défendu ; je n'ai ordre de la donner qu'à celui à qui elle est : le portrait de la dame est dedans.

LE COMTE. Le portrait d'une dame ? Qu'est-ce que cela signifie ? Serait-ce celui d'Araminte ? Je vais tout à l'heure[1] savoir ce qu'il en est.

SCÈNE 7

MARTON, LE GARÇON

MARTON. Vous avez mal fait de parler de ce portrait devant lui. Je sais qui vous cherchez ; c'est le neveu de Monsieur Remy, de chez qui vous venez.

LE GARÇON. Je le crois aussi, Mademoiselle.

MARTON. Un grand homme, qui s'appelle Monsieur Dorante.

LE GARÇON. Il me semble que c'est son nom.

MARTON. Il me l'a dit ; je suis dans sa confidence. Avez-vous remarqué le portrait ?

LE GARÇON. Non, je n'ai pas pris garde à qui il ressemble.

MARTON. Eh bien, c'est de moi dont il[2] s'agit. Monsieur Dorante n'est pas ici, et ne reviendra pas sitôt[3]. Vous n'avez qu'à me remettre la boîte ; vous le pouvez en toute sûreté ; vous lui ferez même plaisir. Vous voyez que je suis au fait.

LE GARÇON. C'est ce qui me paraît. La voilà, Mademoiselle. Ayez donc, je vous prie, le soin de la lui rendre quand il sera venu.

MARTON. Oh ! je n'y manquerai pas.

LE GARÇON. Il y a encore une bagatelle[4] qu'il doit dessus, mais je tâcherai de repasser tantôt ; et s'il n'y était pas, vous auriez la bonté d'achever de payer.

Notes

1. **tout à l'heure** : tout de suite.
2. **dont il** : qu'il.
3. **sitôt** : bientôt.
4. **bagatelle** : petite somme.

MARTON. Sans difficulté. Allez. *(À part.)* Voici Dorante. *(Au Garçon.)* Retirez-vous vite.

SCÈNE 8

MARTON, DORANTE

MARTON, *un moment seule et joyeuse.* Ce ne peut être que mon portrait. Le charmant homme ! Monsieur Remy avait raison de dire qu'il y avait quelque temps qu'il me connaissait.

DORANTE. Mademoiselle, n'avez-vous pas vu ici quelqu'un qui vient d'arriver ? Arlequin croit que c'est moi qu'il demande.

MARTON, *le regardant avec tendresse.* Que vous êtes aimable, Dorante ! je serais bien injuste de ne pas vous aimer. Allez, soyez en repos[1] ; l'ouvrier est venu, je lui ai parlé, j'ai la boîte, je la tiens[2].

DORANTE. J'ignore...

MARTON. Point de mystère ; je la tiens, vous dis-je, et je ne m'en fâche pas. Je vous la rendrai quand je l'aurai vue. Retirez-vous, voici Madame avec sa mère et le Comte ; c'est peut-être de cela qu'ils s'entretiennent. Laissez-moi les calmer là-dessus, et ne les attendez pas.

DORANTE, *en s'en allant, et riant.* Tout a réussi ! elle prend le change[3] à merveille !

Notes

1. **en repos** : tranquille.
2. **tiens** : garde.
3. **prend le change** : se laisse entraîner sur une fausse piste.

SCÈNE 9

ARAMINTE, LE COMTE, MADAME ARGANTE, MARTON

ARAMINTE. Marton, qu'est-ce que c'est qu'un portrait dont Monsieur le Comte me parle, qu'on vient d'apporter ici à quelqu'un qu'on ne nomme pas, et qu'on soupçonne être le mien ? Instruisez-moi de cette histoire-là.

MARTON, *d'un air rêveur.* Ce n'est rien, Madame ; je vous dirai ce que c'est : je l'ai démêlé[1] après que Monsieur le Comte est parti ; il n'a que faire[2] de s'alarmer. Il n'y a rien là qui vous intéresse.

LE COMTE. Comment le savez-vous, Mademoiselle ? vous n'avez point vu le portrait.

MARTON. N'importe, c'est tout comme si je l'avais vu. Je sais qui il regarde[3] ; n'en soyez point en peine.

LE COMTE. Ce qu'il y a de certain, c'est un portrait de femme, et c'est ici qu'on vient chercher la personne qui l'a fait faire, à qui on doit le rendre, et ce n'est pas moi.

MARTON. D'accord. Mais quand je vous dis que[4] Madame n'y est pour rien, ni vous non plus.

ARAMINTE. Eh bien ! si vous êtes instruite, dites-nous donc de quoi il est question ; car je veux le savoir. On a des idées qui ne me plaisent point. Parlez.

MADAME ARGANTE. Oui ; ceci a un air de mystère qui est désagréable. Il ne faut pourtant pas vous fâcher, ma fille. Monsieur le Comte vous aime, et un peu de jalousie, même injuste, ne messied pas à un amant[5].

Notes

1. **démêlé** : compris.
2. **il n'a que faire** : il n'a pas besoin.
3. **regarde** : concerne.
4. **quand je vous dis que** : je vous répète que.
5. **ne messied pas à un amant** : n'est pas inconvenant de la part d'un amoureux.

LE COMTE. Je ne suis jaloux que de l'inconnu qui ose se donner le plaisir d'avoir le portrait de Madame.

ARAMINTE, *vivement*. Comme il vous plaira, Monsieur; mais j'ai entendu ce que vous vouliez dire, et je crains un peu ce caractère d'esprit-là. Eh bien, Marton?

MARTON. Eh bien, Madame, voilà bien du bruit! c'est mon portrait.

LE COMTE. Votre portrait?

MARTON. Oui, le mien. Eh! pourquoi non, s'il vous plaît? Il ne faut pas tant se récrier[1].

MADAME ARGANTE. Je suis assez comme Monsieur le Comte; la chose me paraît singulière.

MARTON. Ma foi, Madame, sans vanité, on en peint tous les jours, et des plus huppées[2], qui ne me valent pas.

ARAMINTE. Et qui est-ce qui a fait cette dépense-là pour vous?

MARTON. Un très aimable homme qui m'aime, qui a de la délicatesse et des sentiments, et qui me recherche[3]; et puisqu'il faut vous le nommer, c'est Dorante.

ARAMINTE. Mon intendant?

MARTON. Lui-même.

MADAME ARGANTE. Le fat, avec ses sentiments!

ARAMINTE, *brusquement*. Eh! vous nous trompez; depuis qu'il est ici, a-t-il eu le temps de vous faire peindre?

MARTON. Mais ce n'est pas d'aujourd'hui qu'il me connaît.

ARAMINTE, *vivement*. Donnez donc.

MARTON. Je n'ai pas encore ouvert la boîte, mais c'est moi que vous y allez voir.

(Araminte l'ouvre, tous regardent.)

Notes

1. **se récrier** : s'exclamer avec surprise.
2. **huppées** : distinguées.
3. **me recherche** : cherche à m'épouser.

LE COMTE. Eh ! je m'en doutais bien ; c'est Madame.

MARTON. Madame !... Il est vrai, et me voilà bien loin de mon compte[1] ! *(À part.)* Dubois avait raison tantôt.

ARAMINTE, *à part*. Et moi, je vois clair. *(À Marton.)* Par quel hasard avez-vous cru que c'était vous ?

MARTON. Ma foi, Madame, toute autre que moi s'y serait trompée. Monsieur Remy me dit que son neveu m'aime, qu'il veut nous marier ensemble ; Dorante est présent, et ne dit point non ; il refuse devant moi un très riche parti ; l'oncle s'en prend à moi, me dit que j'en suis cause. Ensuite vient un homme qui apporte ce portrait, qui vient chercher ici celui à qui il appartient ; je l'interroge : à tout ce qu'il répond, je reconnais Dorante. C'est un petit portrait de femme ; Dorante m'aime jusqu'à refuser sa fortune pour moi. Je conclus donc que c'est moi qu'il a fait peindre. Ai-je eu tort ? J'ai pourtant mal conclu. J'y renonce ; tant d'honneur ne m'appartient point. Je crois voir toute l'étendue de ma méprise[2], et je me tais.

ARAMINTE. Ah ! ce n'est pas là une chose bien difficile à deviner. Vous faites le fâché, l'étonné, Monsieur le Comte ; il y a eu quelque malentendu dans les mesures que vous avez prises ; mais vous ne m'abusez point ; c'est à vous qu'on apportait le portrait. Un homme dont on ne sait pas le nom, qu'on vient chercher ici, c'est vous, Monsieur, c'est vous.

MARTON, *d'un air sérieux*. Je ne crois pas.

MADAME ARGANTE. Oui, oui, c'est Monsieur : à quoi bon vous en défendre ? Dans les termes[3] où vous en êtes avec ma fille, ce n'est pas là un si grand crime ; allons, convenez-en.

LE COMTE, *froidement*. Non, Madame, ce n'est point moi, sur mon honneur ; je ne connais pas ce Monsieur Remy :

Notes

1. **de mon compte** : de ce que j'avais espéré.

2. **méprise** : erreur.

3. **termes** : dispositions, relations.

comment aurait-on dit chez lui qu'on aurait de mes nouvelles ici ? Cela ne se peut pas.

MADAME ARGANTE, *d'un air pensif.* Je ne faisais pas attention à cette circonstance.

ARAMINTE. Bon ! qu'est-ce qu'une circonstance de plus ou de moins ? Je n'en rabats rien[1]. Quoi qu'il en soit, je le garde, personne ne l'aura. Mais quel bruit entendons-nous ? Voyez ce que c'est, Marton.

SCÈNE 10

ARAMINTE, LE COMTE, MADAME ARGANTE,
MARTON, DUBOIS, ARLEQUIN

ARLEQUIN, *en entrant.* Tu es un plaisant magot[2] !

MARTON. À qui en avez-vous donc, vous autres ?

DUBOIS. Si je disais un mot, ton maître sortirait bien vite.

ARLEQUIN. Toi ? nous nous soucions de toi et de toute ta race de canaille comme de cela.

DUBOIS. Comme je te bâtonnerais, sans le respect de Madame !

ARLEQUIN. Arrive, arrive : la voilà, Madame.

ARAMINTE. Quel sujet avez-vous donc de quereller ? De quoi s'agit-il ?

MADAME ARGANTE. Approchez, Dubois. Apprenez-nous ce que c'est que ce mot que vous diriez contre Dorante ; il serait bon de savoir ce que c'est.

ARLEQUIN. Prononce donc ce mot.

ARAMINTE. Tais-toi, laisse-le parler.

Notes

1. **Je n'en rabats rien** : je ne change pas d'avis.

2. **magot** : singe (sens propre) ; ici, au sens figuré d'« homme laid et sot ».

DUBOIS. Il y a une heure qu'il me dit mille invectives[1], Madame.

ARLEQUIN. Je soutiens les intérêts de mon maître, je tire des gages pour cela, et je ne souffrirai point qu'un ostrogoth[2] menace mon maître d'un mot; j'en demande justice à Madame.

MADAME ARGANTE. Mais, encore une fois, sachons ce que veut dire Dubois par ce mot : c'est le plus pressé.

ARLEQUIN. Je le défie d'en dire seulement une lettre.

DUBOIS. C'est par pure colère que j'ai fait cette menace, Madame; et voici la cause de la dispute. En arrangeant l'appartement de Monsieur Dorante, j'ai vu par hasard un tableau où Madame est peinte, et j'ai cru qu'il fallait l'ôter, qu'il n'avait que faire là, qu'il n'était point décent qu'il y restât; de sorte que j'ai été pour le détacher; ce butor[3] est venu pour m'en empêcher, et peu s'en est fallu que nous ne nous soyons battus.

ARLEQUIN. Sans doute, de quoi t'avises-tu d'ôter ce tableau qui est tout à fait gracieux[4], que mon maître considérait il n'y avait qu'un moment avec toute la satisfaction possible? Car je l'avais vu qui l'avait contemplé de tout son cœur, et il prend fantaisie à ce brutal de le priver d'une peinture qui réjouit cet honnête homme. Voyez la malice[5]! Ôte-lui quelque autre meuble, s'il en a trop, mais laisse-lui cette pièce[6], animal.

DUBOIS. Et moi, je te dis qu'on ne la laissera point, que je la détacherai moi-même, que tu en auras le démenti[7], et que Madame le voudra ainsi.

Notes

1. **invectives** : insultes.
2. **ostrogoth** : personne grossière et bornée.
3. **butor** : personne stupide.
4. **gracieux** : agréable, joli.
5. **malice** : méchanceté.
6. **pièce** : objet.
7. **tu en auras le démenti** : tu auras l'humiliation de voir ton projet échouer.

ARAMINTE. Eh ! que m'importe ? Il était bien nécessaire de faire ce bruit-là pour un vieux tableau qu'on a mis là par hasard, et qui y est resté. Laissez-nous. Cela vaut-il la peine qu'on en parle ?

MADAME ARGANTE, *d'un ton aigre.* Vous m'excuserez, ma fille ; ce n'est point là sa place, et il n'y a qu'à l'ôter ; votre intendant se passera bien de ses contemplations.

ARAMINTE, *souriant d'un air railleur.* Oh ! vous avez raison. Je ne pense pas qu'il les regrette. *(À Arlequin et à Dubois.)* Retirez-vous tous deux.

SCÈNE 11

ARAMINTE, LE COMTE, MADAME ARGANTE, MARTON

LE COMTE, *d'un ton railleur.* Ce qui est de sûr, c'est que cet homme d'affaires-là est de bon goût.

ARAMINTE, *ironiquement.* Oui, la réflexion est juste. Effectivement, il est fort extraordinaire qu'il ait jeté les yeux sur ce tableau.

MADAME ARGANTE. Cet homme-là ne m'a jamais plu un instant, ma fille ; vous le savez, j'ai le coup d'œil assez bon, et je ne l'aime point. Croyez-moi, vous avez entendu la menace que Dubois a faite en parlant de lui ; j'y reviens encore, il faut qu'il ait quelque chose à en dire. Interrogez-le ; sachons ce que c'est. Je suis persuadée que ce petit monsieur-là ne vous convient point ; nous le voyons tous ; il n'y a que vous qui n'y prenez pas garde.

MARTON, *négligemment.* Pour moi, je n'en suis pas contente.

ARAMINTE, *riant ironiquement.* Qu'est-ce donc que vous voyez, et que je ne vois point ? Je manque de pénétration[1] : j'avoue

Note

1. **pénétration** : perspicacité.

que je m'y perds ! Je ne vois pas le sujet de me défaire d'un homme qui m'est donné de bonne main[1], qui est un homme de quelque chose[2], qui me sert bien, et que trop bien peut-être ; voilà ce qui n'échappe pas à ma pénétration, par exemple.

MADAME ARGANTE. Que vous êtes aveugle !

ARAMINTE, *d'un air souriant.* Pas tant ; chacun a ses lumières. Je consens, au reste, d'écouter Dubois ; le conseil est bon, et je l'approuve. Allez, Marton, allez lui dire que je veux lui parler. S'il me donne des motifs raisonnables de renvoyer cet intendant assez hardi pour regarder un tableau, il ne restera pas longtemps chez moi ; sans quoi, on aura la bonté de trouver bon que je le garde, en attendant qu'il me déplaise à moi.

MADAME ARGANTE, *vivement.* Eh bien ! il vous déplaira ; je ne vous en dis pas davantage, en attendant de plus fortes preuves.

LE COMTE. Quant à moi, Madame, j'avoue que j'ai craint qu'il ne me servît mal auprès de vous, qu'il ne vous inspirât l'envie de plaider, et j'ai souhaité par pure tendresse qu'il vous en détournât. Il aura pourtant beau faire, je déclare que je renonce à tout procès avec vous, que je ne veux, pour arbitres de notre discussion, que vous et vos gens d'affaires, et que j'aime mieux perdre tout que de rien disputer.

MADAME ARGANTE, *d'un ton décisif.* Mais où serait la dispute ? Le mariage terminerait tout, et le vôtre est comme arrêté[3].

LE COMTE. Je garde le silence sur Dorante ; je reviendrai simplement voir ce que vous pensez de lui ; et si vous le congédiez, comme je le présume, il ne tiendra qu'à vous de prendre celui que je vous offrais, et que je retiendrai encore quelque temps.

Notes

1. **donné de bonne main** : bien recommandé.

2. **un homme de quelque chose** : un homme de bonne famille.

3. **arrêté** : décidé.

MADAME ARGANTE. Je ferai comme Monsieur, je ne vous parlerai plus de rien non plus; vous m'accuseriez de vision[1], et votre entêtement finira sans notre secours. Je compte beaucoup sur Dubois que voici, et avec lequel nous vous laissons.

SCÈNE 12

DUBOIS, ARAMINTE

DUBOIS. On m'a dit que vous vouliez me parler, Madame?

ARAMINTE. Viens ici : tu es bien imprudent, Dubois, bien indiscret; moi qui ai si bonne opinion de toi, tu n'as guère d'attention pour ce que je te dis. Je t'avais recommandé de te taire sur le chapitre de Dorante; tu en sais les conséquences ridicules, et tu me l'avais promis : pourquoi donc avoir prise[2], sur ce misérable tableau, avec un sot qui fait un vacarme épouvantable, et qui vient ici tenir des discours tous propres à donner des idées que je serais au désespoir qu'on eût?

DUBOIS. Ma foi, Madame, j'ai cru la chose sans conséquence, et je n'ai agi d'ailleurs que par un mouvement de respect et de zèle.

ARAMINTE, *d'un air vif.* Eh! laisse là ton zèle, ce n'est pas là celui que je veux, ni celui qu'il me faut; c'est de ton silence dont[3] j'ai besoin pour me tirer de l'embarras où je suis, et où tu m'as jetée toi-même; car sans toi je ne saurais pas que cet homme-là m'aime, et je n'aurais que faire d'y regarder de si près.

DUBOIS. J'ai bien senti que j'avais tort.

ARAMINTE. Passe encore pour la dispute; mais pourquoi s'écrier : *Si je disais un mot?* Y a-t-il rien de plus mal à toi?

Notes

1. **vision** : idée délirante.
2. **avoir prise** : te disputer.
3. **dont** : que.

DUBOIS. C'est encore une suite de zèle mal entendu.

ARAMINTE. Eh bien! tais-toi donc, tais-toi; je voudrais pouvoir te faire oublier ce que tu m'as dit.

DUBOIS. Oh! je suis bien corrigé.

ARAMINTE. C'est ton étourderie qui me force actuellement de te parler, sous prétexte de t'interroger sur ce que tu sais de lui. Ma mère et Monsieur le Comte s'attendent que[1] tu vas m'en apprendre des choses étonnantes; quel rapport leur ferai-je à présent?

DUBOIS. Ah! il n'y a rien de plus facile à raccommoder : ce rapport sera que des gens qui le connaissent m'ont dit que c'était un homme incapable de l'emploi qu'il a chez vous; quoiqu'il soit fort habile[2], au moins : ce n'est pas cela qui lui manque.

ARAMINTE. À la bonne heure[3]; mais il y aura un inconvénient. S'il en est incapable, on me dira de le renvoyer, et il n'est pas encore temps; j'y ai pensé depuis; la prudence ne le veut pas, et je suis obligée de prendre des biais[4], et d'aller tout doucement avec cette passion si excessive que tu dis qu'il a, et qui éclaterait[5] peut-être dans sa douleur. Me fierais-je à un désespéré? Ce n'est plus le besoin que j'ai de lui qui me retient, c'est moi que je ménage. *(Elle radoucit le ton.)* À moins que ce qu'a dit Marton ne soit vrai, auquel cas je n'aurais plus rien à craindre. Elle prétend qu'il l'avait déjà vue chez Monsieur Remy, et que le procureur a dit même devant lui qu'il l'aimait depuis longtemps, et qu'il fallait qu'ils se mariassent; je le voudrais.

DUBOIS. Bagatelle! Dorante n'a vu Marton ni de près ni de loin; c'est le procureur qui a débité cette fable[6]-là à Marton,

Notes

1. **s'attendent que** : s'attendent à ce que.
2. **habile** : compétent.
3. **À la bonne heure** : c'est bien.
4. **biais** : détours.
5. **éclaterait** : se manifesterait violemment.
6. **fable** : histoire inventée, mensonge.

dans le dessein de les marier ensemble. Et moi, je n'ai pas osé l'en dédire[1], m'a dit Dorante, parce que j'aurais indisposé contre moi cette fille, qui a du crédit auprès de sa maîtresse, et qui a cru ensuite que c'était pour elle que je refusais les quinze mille livres de rente qu'on m'offrait.

ARAMINTE, *négligemment.* Il t'a donc tout conté ?

DUBOIS. Oui, il n'y a qu'un moment, dans le jardin où il a voulu presque se jeter à mes genoux pour me conjurer de lui garder le secret sur sa passion, et d'oublier l'emportement qu'il eut avec moi quand je le quittai. Je lui ai dit que je me tairais, mais que je ne prétendais pas rester dans la maison avec lui, et qu'il fallait qu'il sortît; ce qui l'a jeté dans des gémissements, dans des pleurs, dans le plus triste état du monde.

ARAMINTE. Eh! tant pis; ne le tourmente point; tu vois bien que j'ai raison de dire qu'il faut aller doucement avec cet esprit-là, tu le vois bien. J'augurais beaucoup de ce mariage avec Marton; je croyais qu'il m'oublierait, et point du tout : il n'est question de rien.

DUBOIS, *comme s'en allant.* Pure fable! Madame a-t-elle encore quelque chose à me dire?

ARAMINTE. Attends. Comment faire? Si, lorsqu'il me parle, il me mettait en droit de me plaindre de lui, mais il ne lui échappe rien; je ne sais de son amour que ce que tu m'en dis; et je ne suis pas assez fondée[2] pour le renvoyer. Il est vrai qu'il me fâcherait s'il parlait; mais il serait à propos qu'il me fâchât.

DUBOIS. Vraiment oui; Monsieur Dorante n'est point digne de Madame. S'il était dans une plus grande fortune, comme il n'y a rien à dire à ce qu'il est né[3], ce serait une autre affaire, mais il n'est riche qu'en mérite, et ce n'est pas assez.

Notes

1. **l'en dédire** : le contredire.
2. **je ne suis pas assez fondée** : je n'ai pas suffisamment de preuves.
3. **il n'y a rien à dire à ce qu'il est né** : il n'y a rien à redire sur sa famille.

ARAMINTE, *d'un ton comme triste.* Vraiment non, voilà les usages; je ne sais pas comment je le traiterai; je n'en sais rien, je verrai.

DUBOIS. Eh bien! Madame a un si beau prétexte... Ce portrait que Marton a cru être le sien à ce qu'elle m'a dit...

ARAMINTE. Eh! non, je ne saurais l'en accuser; c'est le Comte qui l'a fait faire.

DUBOIS. Point du tout, c'est de Dorante; je le sais de lui-même, et il y travaillait encore il n'y a que deux mois, lorsque je le quittai.

ARAMINTE. Va-t'en. Il y a longtemps que je te parle. Si on me demande ce que tu m'as appris de lui, je dirai ce dont nous sommes convenus. Le voici, j'ai envie de lui tendre un piège.

DUBOIS. Oui, Madame. Il se déclarera, peut-être, et tout de suite je lui dirais : Sortez.

ARAMINTE. Laisse-nous.

SCÈNE 13

DORANTE, ARAMINTE, DUBOIS

DUBOIS, *sortant, et en passant auprès de Dorante, et rapidement.* Il m'est impossible de l'instruire; mais qu'il se découvre ou non, les choses ne peuvent aller que bien.

DORANTE. Je viens, Madame, vous demander votre protection. Je suis dans le chagrin et dans l'inquiétude : j'ai tout quitté pour avoir l'honneur d'être à vous, je vous suis plus attaché que je ne puis le dire; on ne saurait vous servir avec plus de fidélité ni de désintéressement; et cependant je ne suis pas sûr de rester. Tout le monde ici m'en veut, me persécute et conspire pour me faire sortir. J'en suis consterné; je tremble que vous ne cédiez à leur inimitié pour moi, et j'en serais dans la dernière affliction.

ARAMINTE, *d'un ton doux*. Tranquillisez-vous ; vous ne dépendez point de ceux qui vous en veulent ; ils ne vous ont encore fait aucun tort dans mon esprit, et tous leurs petits complots n'aboutiront à rien ; je suis la maîtresse.

DORANTE, *d'un air bien inquiet*. Je n'ai que votre appui, Madame.

ARAMINTE. Il ne vous manquera pas. Mais je vous conseille une chose : ne leur paraissez pas si alarmé ; vous leur feriez douter de votre capacité, et il leur semblerait que vous m'auriez beaucoup d'obligation de ce que je vous garde.

DORANTE. Ils ne se tromperaient pas, Madame ; c'est une bonté qui me pénètre[1] de reconnaissance.

ARAMINTE. À la bonne heure ; mais il n'est pas nécessaire qu'ils le croient. Je vous sais bon gré de[2] votre attachement et de votre fidélité ; mais dissimulez-en une partie : c'est peut-être ce qui les indispose contre vous. Vous leur avez refusé de m'en faire accroire[3] sur le chapitre du procès ; conformez-vous à ce qu'ils exigent ; regagnez-les[4] par là, je vous le permets : l'événement leur persuadera[5] que vous les avez bien servis ; car, toute réflexion faite, je suis déterminée à épouser le Comte.

DORANTE, *d'un ton ému*. Déterminée, Madame ?

ARAMINTE. Oui, tout à fait résolue. Le Comte croira que vous y avez contribué ; je le lui dirai même, et je vous garantis que vous resterez ici ; je vous le promets. *(À part.)* Il change de couleur.

DORANTE. Quelle différence pour moi, Madame !

Notes

1. **me pénètre** : me remplit.
2. **Je vous sais bon gré de** : j'apprécie.
3. **m'en faire accroire** : me tromper.
4. **regagnez-les** : regagnez leur bienveillance.
5. **leur persuadera** : les persuadera.

ARAMINTE, *d'un air délibéré.* Il n'y en aura aucune ; ne vous embarrassez pas[1], et écrivez le billet que je vais vous dicter ; il y a tout ce qu'il faut sur cette table.

DORANTE. Et pour qui, Madame ?

ARAMINTE. Pour le Comte, qui est sorti d'ici extrêmement inquiet, et que je vais surprendre bien agréablement par le petit mot que vous allez lui écrire en mon nom. *(Dorante reste rêveur, et par distraction ne va point à la table.)* Eh ! vous n'allez pas à la table ? À quoi rêvez-vous ?

DORANTE, *toujours distrait.* Oui, Madame.

ARAMINTE, *à part, pendant qu'il se place.* Il ne sait ce qu'il fait ; voyons si cela continuera.

DORANTE, *à part, cherchant du papier.* Ah ! Dubois m'a trompé !

ARAMINTE, *poursuivant.* Êtes-vous prêt à écrire ?

DORANTE. Madame, je ne trouve point de papier.

ARAMINTE, *allant elle-même.* Vous n'en trouvez point ! En voilà devant vous.

DORANTE. Il est vrai.

ARAMINTE. Écrivez. *Hâtez-vous de venir, Monsieur ; votre mariage est sûr…* Avez-vous écrit ?

DORANTE. Comment, Madame ?

ARAMINTE. Vous ne m'écoutez donc pas ? *Votre mariage est sûr ; Madame veut que je vous l'écrive, et vous attend pour vous le dire.* *(À part.)* Il souffre, mais il ne dit mot ; est-ce qu'il ne parlera pas ? *N'attribuez point cette résolution à la crainte que Madame pourrait avoir des suites d'un procès douteux.*

DORANTE. Je vous ai assuré que vous le gagneriez, Madame : douteux, il ne l'est point.

Note

1. **ne vous embarrassez pas** : ne vous inquiétez pas.

ARAMINTE. N'importe, achevez. *Non, Monsieur, je suis chargé de sa part de vous assurer que la seule justice qu'elle rend à votre mérite la détermine*[1].

DORANTE, *à part.* Ciel ! je suis perdu. *(Haut.)* Mais, Madame, vous n'aviez aucune inclination pour lui.

ARAMINTE. Achevez, vous dis-je… *Qu'elle rend à votre mérite la détermine…* Je crois que la main vous tremble ! vous paraissez changé. Qu'est-ce que cela signifie ? Vous trouvez-vous mal ?

DORANTE. Je ne me trouve pas bien, Madame.

ARAMINTE. Quoi ! si subitement ? Cela est singulier. Pliez la lettre et mettez : *À Monsieur le comte Dorimont.* Vous direz à Dubois qu'il la lui porte. *(À part.)* Le cœur me bat ! *(À Dorante.)* Voilà qui est écrit tout de travers ! Cette adresse-là n'est presque pas lisible. *(À part.)* Il n'y a pas encore là de quoi le convaincre[2].

DORANTE, *à part.* Ne serait-ce point aussi pour m'éprouver[3] ? Dubois ne m'a averti de rien.

Notes

1. ***la seule justice* […] *détermine*** : seule la reconnaissance de votre mérite la conduit à cette décision.

2. **le convaincre** : le forcer à avouer son amour.

3. **m'éprouver** : me mettre à l'épreuve.

Voir Méthode, p. 153.

Se préparer à l'oral du Bac

Analyse du stratagème d'Araminte (l. 32 à 84, pp. 69 à 71)

Conseils pour la lecture à haute voix

› Faites sentir le profond désarroi de Dorante au début de la scène, qui s'oppose à sa tentative de résistance à la fin.

› Montrez l'autorité énergique et la position dominante d'Araminte.

› Distinguez nettement les passages en aparté, en baissant la voix, par exemple.

Explication linéaire

Introduction

Dans la comédie de Marivaux *Les Fausses Confidences*, créée en 1737, Dorante, jeune homme de bonne famille mais ruiné, voudrait se faire aimer de la riche Araminte dont il est amoureux et auprès de qui il s'est fait engager comme intendant. Mais celle-ci est demandée en mariage par le Comte qui, soutenu par la mère d'Araminte, voudrait qu'elle renvoie Dorante. Araminte, qui est en train de tomber amoureuse du jeune homme, sans se l'avouer, cherche soi-disant un motif sérieux pour le renvoyer et voudrait l'amener à avouer son amour. Elle invente donc le stratagème de lui dicter une fausse lettre au Comte.

I. Dorante mis à l'épreuve (l. 32 à 60)

1. Où en sont les personnages au début de la scène ? que savent-ils et qu'ignorent-ils ? quel est l'enjeu de cette scène pour chacun des deux personnages ?

2. En quoi Araminte, dans ce passage, soumet-elle Dorante à une épreuve par la situation qu'elle lui impose ?

3. Dans ce passage, par quels procédés scéniques Marivaux fait-il percevoir le trouble de Dorante ? Prêtez aussi attention aux didascalies.

4. En quoi ce passage est-il comique ?

II. Un jeu cruel pour les deux personnages (l. 61 à 84)

5 Dans les lignes 61 à 70, montrez en quoi les termes mêmes de la lettre sont cruels pour Dorante.

6 À quoi voit-on, dans ce passage, qu'Araminte domine la scène ?

7 Comment Dorante essaie-t-il, dans les lignes 66 à 72, de résister à Araminte ?

8 Quel est le rôle des apartés dans les deux dernières répliques ? Qu'indiquent-ils au spectateur ?

Conclusion

Le lecteur, qui sait que la lettre n'est qu'un piège, s'amuse de l'égarement de Dorante et de la sagacité d'Araminte pour inventer les mots capables de faire avouer le jeune homme. Mais cette scène se révèle également cruelle parce que les deux personnages souffrent et sont contraints, volontairement ou non, d'agir ou de parler contre leurs vrais sentiments. Araminte se trouve finalement prise à son propre piège. Mais le spectateur sait que, dans une comédie, l'issue est heureuse : il peut profiter du jeu de masques sans en ressentir de perversité.

Grammaire

Interrogation totale ou partielle

- L'interrogation est totale quand elle porte sur l'ensemble de la phrase et qu'on peut y répondre par *Oui* ou par *Non*.
- L'interrogation est partielle quand elle porte sur un élément de la phrase (sujet, COD, compléments circonstanciels...) et qu'on ne peut pas y répondre par *Oui* ou par *Non*. Elle est introduite par un mot interrogatif : pronom, adjectif, adverbe.

9 Analysez les deux types d'interrogations dans les propositions suivantes : *« Qu'est-ce que cela signifie ? Vous trouvez-vous mal ? »*

SCÈNE 14

ARAMINTE, DORANTE, MARTON

MARTON. Je suis bien aise, Madame, de trouver Monsieur ici; il vous confirmera tout de suite ce que j'ai à vous dire. Vous avez offert en différentes occasions de me marier, Madame; et jusqu'ici je ne me suis point trouvée disposée à profiter de vos bontés. Aujourd'hui Monsieur me recherche; il vient même de refuser un parti infiniment plus riche, et le tout pour moi; du moins me l'a-t-il laissé croire, et il est à propos qu'il s'explique; mais comme je ne veux dépendre que de vous, c'est de vous aussi, Madame, qu'il faut qu'il m'obtienne : ainsi, Monsieur, vous n'avez qu'à parler à Madame. Si elle m'accorde[1] à vous, vous n'aurez point de peine à m'obtenir de moi-même.

SCÈNE 15

DORANTE, ARAMINTE

ARAMINTE, *à part, émue*. Cette folle ! *(Haut.)* Je suis charmée de ce qu'elle vient de m'apprendre. Vous avez fait là un très bon choix : c'est une fille aimable et d'un excellent caractère.

DORANTE, *d'un air abattu*. Hélas ! Madame, je ne songe point à elle.

ARAMINTE. Vous ne songez point à elle ! Elle dit que vous l'aimez, que vous l'aviez vue avant de venir ici.

DORANTE, *tristement*. C'est une erreur où Monsieur Remy l'a jetée sans me consulter; et je n'ai point osé dire le contraire, dans la crainte de m'en faire une ennemie auprès de vous. Il en est de même de ce riche parti qu'elle croit que je refuse à

Note

1. **m'accorde** : me donne en mariage.

cause d'elle ; et je n'ai nulle part[1] à tout cela. Je suis hors d'état de donner mon cœur à personne : je l'ai perdu pour jamais, et la plus brillante de toutes les fortunes ne me tenterait pas.

ARAMINTE. Vous avez tort. Il fallait désabuser Marton.

DORANTE. Elle vous aurait peut-être empêchée de me recevoir, et mon indifférence lui en dit assez.

ARAMINTE. Mais, dans la situation où vous êtes, quel intérêt aviez-vous d'entrer dans ma maison, et de la préférer à une autre ?

DORANTE. Je trouve plus de douceur à être chez vous, Madame.

ARAMINTE. Il y a quelque chose d'incompréhensible en tout ceci ! Voyez-vous souvent la personne que vous aimez ?

DORANTE, *toujours abattu.* Pas souvent à mon gré, Madame ; et je la verrais à tout instant, que je ne croirais pas la voir assez.

ARAMINTE, *à part.* Il a des expressions d'une tendresse ! *(Haut.)* Est-elle fille[2] ? A-t-elle été mariée ?

DORANTE. Madame, elle est veuve.

ARAMINTE. Et ne devez-vous pas l'épouser ? Elle vous aime, sans doute ?

DORANTE. Hélas ! Madame, elle ne sait pas seulement que je l'adore. Excusez l'emportement du terme dont je me sers. Je ne saurais presque parler d'elle qu'avec transport[3] !

ARAMINTE. Je ne vous interroge que par étonnement. Elle ignore que vous l'aimez, dites-vous, et vous lui sacrifiez votre fortune ? Voilà de l'incroyable. Comment, avec tant d'amour, avez-vous pu vous taire ? On essaie de se faire aimer, ce me semble : cela est naturel et pardonnable.

Notes

1. **part** : responsabilité.
2. **fille** : célibataire.
3. **transport** : émotion violente.

DORANTE. Me préserve le Ciel d'oser concevoir la plus légère espérance ! Être aimé, moi ! non, Madame. Son état est bien au-dessus du mien. Mon respect me condamne au silence ; et je mourrai du moins sans avoir eu le malheur de lui déplaire.

ARAMINTE. Je n'imagine point de femme qui mérite d'inspirer une passion si étonnante ; je n'en imagine point. Elle est donc au-dessus de toute comparaison ?

DORANTE. Dispensez-moi de la louer, Madame : je m'égarerais en la peignant. On ne connaît rien de si beau ni de si aimable qu'elle ! et jamais elle ne me parle ou ne me regarde, que mon amour n'en augmente.

ARAMINTE *baisse les yeux et continue.* Mais votre conduite blesse la raison. Que prétendez-vous[1] avec cet amour pour une personne qui ne saura jamais que vous l'aimez ? Cela est bien bizarre. Que prétendez-vous ?

DORANTE. Le plaisir de la voir quelquefois, et d'être avec elle, est tout ce que je me propose.

ARAMINTE. Avec elle ! Oubliez-vous que vous êtes ici ?

DORANTE. Je veux dire, avec son portrait, quand je ne la vois point.

ARAMINTE. Son portrait ! Est-ce que vous l'avez fait faire ?

DORANTE. Non, Madame ; mais j'ai, par amusement, appris à peindre, et je l'ai peinte moi-même. Je me serais privé de son portrait, si je n'avais pu l'avoir que par le secours d'un autre.

ARAMINTE, *à part.* Il faut le pousser à bout. *(Haut.)* Montrez-moi ce portrait.

DORANTE. Daignez m'en dispenser, Madame ; quoique mon amour soit sans espérance, je n'en dois pas moins un secret inviolable à l'objet aimé.

Note

1. **Que prétendez-vous** : qu'espérez-vous.

ARAMINTE. Il m'en est tombé un par hasard entre les mains : on l'a trouvé ici. *(Montrant la boîte.)* Voyez si ce ne serait point celui dont il s'agit.

DORANTE. Cela ne se peut pas.

ARAMINTE, *ouvrant la boîte*. Il est vrai que la chose serait assez extraordinaire : examinez.

DORANTE. Ah! Madame, songez que j'aurais perdu mille fois la vie, avant d'avouer ce que le hasard vous découvre. Comment pourrai-je expier?... *(Il se jette à ses genoux.)*

ARAMINTE. Dorante, je ne me fâcherai point. Votre égarement[1] me fait pitié. Revenez-en, je vous le pardonne.

MARTON *paraît et s'enfuit*[2]. Ah!

(Dorante se lève vite.)

ARAMINTE. Ah, Ciel! c'est Marton! Elle vous a vu.

DORANTE, *feignant d'être déconcerté*. Non, Madame, non : je ne crois pas. Elle n'est point entrée.

ARAMINTE. Elle vous a vu, vous dis-je. Laissez-moi, allez-vous-en : vous m'êtes insupportable. Rendez-moi ma lettre. *(Quand il est parti.)* Voilà pourtant ce que c'est que de l'avoir gardé!

SCÈNE 16

ARAMINTE, DUBOIS

1 DUBOIS. Dorante s'est-il déclaré, Madame? Et est-il nécessaire que je lui parle?

Notes

1. **égarement** : folie.

2. On apprendra, dans la scène 1 de l'acte III, que c'est Dubois qui a fait venir Marton pour surprendre l'aveu de Dorante.

ARAMINTE. Non, il ne m'a rien dit. Je n'ai rien vu d'approchant à ce que tu m'as conté ; et qu'il n'en soit plus question : ne t'en mêle plus.

(Elle sort.)

DUBOIS. Voici l'affaire dans sa crise.

SCÈNE 17

DUBOIS, DORANTE

DORANTE. Ah ! Dubois.

DUBOIS. Retirez-vous.

DORANTE. Je ne sais qu'augurer[1] de la conversation que je viens d'avoir avec elle.

DUBOIS. À quoi songez-vous ? Elle n'est qu'à deux pas : voulez-vous tout perdre ?

DORANTE. Il faut que tu m'éclaircisses…

DUBOIS. Allez dans le jardin.

DORANTE. D'un doute…

DUBOIS. Dans le jardin, vous dis-je ; je vais m'y rendre.

DORANTE. Mais…

DUBOIS. Je ne vous écoute plus.

DORANTE. Je crains plus que jamais.

Note

1. **augurer** : présager.

Acte III

SCÈNE 1

DORANTE, DUBOIS

DUBOIS. Non, vous dis-je ; ne perdons point de temps. La lettre est-elle prête ?

DORANTE, *la lui montrant.* Oui, la voilà, et j'ai mis dessus : *rue du Figuier.*

DUBOIS. Vous êtes bien assuré qu'Arlequin ne connaît pas ce quartier-là ?

DORANTE. Il m'a dit que non.

DUBOIS. Lui avez-vous bien recommandé de s'adresser à Marton ou à moi pour savoir ce que c'est ?

DORANTE. Sans doute, et je lui[1] recommanderai encore.

DUBOIS. Allez donc la lui donner : je me charge du reste auprès de Marton que je vais trouver.

DORANTE. Je t'avoue que j'hésite un peu. N'allons-nous pas trop vite avec Araminte ? Dans l'agitation des mouvements où elle est, veux-tu encore lui donner l'embarras de voir subitement éclater[2] l'aventure ?

Notes

1. **je lui** : je le lui.

2. **éclater** : se révéler en faisant scandale.

DUBOIS. Oh! oui : point de quartier[1]. Il faut l'achever, pendant qu'elle est étourdie[2]. Elle ne sait plus ce qu'elle fait. Ne voyez-vous pas bien qu'elle triche avec moi, qu'elle me fait accroire que vous ne lui avez rien dit? Ah! je lui apprendrai à vouloir me souffler[3] mon emploi de confident pour vous aimer en fraude[4].

DORANTE. Que j'ai souffert dans ce dernier entretien! Puisque tu savais qu'elle voulait me faire déclarer[5], que ne m'en avertissais-tu par quelques signes?

DUBOIS. Cela aurait été joli, ma foi! Elle ne s'en serait point aperçue, n'est-ce pas? Et d'ailleurs, votre douleur n'en a paru que plus vraie. Vous repentez-vous de l'effet qu'elle a produit? Monsieur a souffert! Parbleu! il me semble que cette aventure-ci mérite un peu d'inquiétude.

DORANTE. Sais-tu bien ce qui arrivera? Qu'elle prendra son parti, et qu'elle me renverra tout d'un coup.

DUBOIS. Je lui en défie[6]. Il est trop tard. L'heure du courage est passée. Il faut qu'elle nous épouse.

DORANTE. Prends-y garde : tu vois que sa mère la fatigue[7].

DUBOIS. Je serais bien fâché qu'elle la laissât en repos.

DORANTE. Elle est confuse de ce que Marton m'a surpris à ses genoux.

DUBOIS. Ah! vraiment, des confusions! Elle n'y est pas. Elle va en essuyer bien d'autres! C'est moi qui, voyant le train que prenait la conversation, ai fait venir Marton une seconde fois.

DORANTE. Araminte pourtant m'a dit que je lui étais insupportable.

Notes

1. **point de quartier** : pas de pitié (vocabulaire de la guerre).
2. **étourdie** : ébranlée par un choc psychologique.
3. **souffler** : voler.
4. **en fraude** : sans le révéler.
5. **déclarer** : déclarer mon amour.
6. **lui en défie** : l'en défie.
7. **fatigue** : harcèle.

DUBOIS. Elle a raison. Voulez-vous qu'elle soit de bonne humeur avec un homme qu'il faut qu'elle aime en dépit d'elle[1] ? Cela est-il agréable ? Vous vous emparez de son bien, de son cœur ; et cette femme ne criera pas ! Allez vite, plus de raisonnements : laissez-vous conduire.

DORANTE. Songe que je l'aime, et que, si notre précipitation réussit mal, tu me désespères.

DUBOIS. Ah ! oui, je sais bien que vous l'aimez : c'est à cause de cela que je ne vous écoute pas. Êtes-vous en état de juger de rien ? Allons, allons, vous vous moquez ; laissez faire un homme de sang-froid. Partez, d'autant plus que voici Marton qui vient à propos, et que je vais tâcher d'amuser, en attendant que vous envoyiez Arlequin.

(Dorante sort.)

SCÈNE 2

DUBOIS, MARTON

MARTON, *d'un air triste.* Je te cherchais.

DUBOIS. Qu'y a-t-il pour votre service, Mademoiselle ?

MARTON. Tu me l'avais bien dit, Dubois.

DUBOIS. Quoi donc ? Je ne me souviens plus de ce que c'est.

MARTON. Que cet intendant osait lever les yeux sur[2] Madame.

DUBOIS. Ah ! oui ; vous parlez de ce regard que je lui vis jeter sur elle. Oh ! jamais je ne l'ai oublié. Cette œillade-là ne valait rien. Il y avait quelque chose dedans qui n'était pas dans l'ordre[3].

Notes

1. **en dépit d'elle** : malgré elle.
2. **lever les yeux sur** : être amoureux de.
3. **dans l'ordre** : dans l'ordre des choses, normal.

MARTON. Oh çà, Dubois, il s'agit de faire sortir[1] cet homme-ci.

DUBOIS. Pardi ! tant qu'on voudra ; je ne m'y épargne pas[2]. J'ai déjà dit à Madame qu'on m'avait assuré qu'il n'entendait pas les affaires.

MARTON. Mais est-ce là tout ce que tu sais de lui ? C'est de la part de Madame Argante et de Monsieur le Comte que je te parle, et nous avons peur que tu n'aies pas tout dit à Madame, ou qu'elle ne cache ce que c'est. Ne nous déguise[3] rien, tu n'en seras pas fâché.

DUBOIS. Ma foi ! je ne sais que son insuffisance[4], dont j'ai instruit Madame.

MARTON. Ne dissimule point.

DUBOIS. Moi ! un dissimulé ! Moi ! garder un secret ! Vous avez bien trouvé votre homme ! En fait de discrétion, je mériterais d'être femme. Je vous demande pardon de la comparaison ; mais c'est pour vous mettre l'esprit en repos.

MARTON. Il est certain qu'il aime Madame.

DUBOIS. Il n'en faut point douter ; je lui en ai même dit ma pensée à elle.

MARTON. Et qu'a-t-elle répondu ?

DUBOIS. Que j'étais un sot. Elle est si prévenue[5]...

MARTON. Prévenue à un point que je n'oserais le dire, Dubois.

DUBOIS. Oh ! le diable n'y perd rien, ni moi non plus ; car je vous entends.

MARTON. Tu as la mine d'en savoir plus que moi là-dessus.

Notes

1. **faire sortir** : faire renvoyer.
2. **je ne m'y épargne pas** : je ne ménage pas mes efforts.
3. **déguise** : dissimule.
4. **insuffisance** : incompétence.
5. **Elle est si prévenue** : elle a un préjugé si favorable à son égard.

DUBOIS. Oh! point du tout, je vous jure. Mais, à propos, il vient tout à l'heure d'appeler Arlequin pour lui donner une lettre : si nous pouvions la saisir, peut-être en saurions-nous davantage.

MARTON. Une lettre, oui-da ; ne négligeons rien. Je vais de ce pas parler à Arlequin, s'il n'est pas encore parti.

DUBOIS. Vous n'irez pas loin. Je crois qu'il vient.

SCÈNE 3

MARTON, DUBOIS, ARLEQUIN

ARLEQUIN, *voyant Dubois.* Ah! te voilà donc, mal bâti.

DUBOIS. Tenez : n'est-ce pas là une belle figure pour se moquer de la mienne ?

MARTON. Que veux-tu, Arlequin ?

ARLEQUIN. Ne sauriez-vous pas où demeure la rue du Figuier, Mademoiselle ?

MARTON. Oui.

ARLEQUIN. C'est que mon camarade, que je sers, m'a dit de porter cette lettre à quelqu'un qui est dans cette rue, et comme je ne la sais pas, il m'a dit que je m'en informasse à vous ou à cet animal-là ; mais cet animal-là ne mérite pas que je lui en parle, sinon pour l'injurier. J'aimerais mieux que le diable eût emporté toutes les rues, que d'en savoir une par le moyen d'un malotru[1] comme lui.

DUBOIS, *à Marton, à part.* Prenez la lettre. *(Haut.)* Non, non, Mademoiselle, ne lui enseignez rien : qu'il galope.

ARLEQUIN. Veux-tu te taire ?

Note

1. **malotru** : mal élevé.

MARTON, *négligemment.* Ne l'interrompez donc point, Dubois. Eh bien ! veux-tu me donner ta lettre ? Je vais envoyer[1] dans ce quartier-là, et on la rendra à son adresse.

ARLEQUIN. Ah ! voilà qui est bien agréable ! Vous êtes une fille de bonne amitié, Mademoiselle.

DUBOIS, *s'en allant.* Vous êtes bien bonne d'épargner de la peine à ce fainéant-là.

ARLEQUIN. Ce malhonnête ! Va, va trouver le tableau pour voir comme il se moque de toi.

MARTON, *seule avec Arlequin.* Ne lui réponds rien : donne ta lettre.

ARLEQUIN. Tenez, Mademoiselle ; vous me rendez un service qui me fait grand bien. Quand il y aura à trotter pour votre serviable personne, n'ayez point d'autre postillon[2] que moi.

MARTON. Elle sera rendue exactement.

ARLEQUIN. Oui, je vous recommande l'exactitude à cause de Monsieur Dorante, qui mérite toutes sortes de fidélités.

MARTON, *à part.* L'indigne !

ARLEQUIN, *s'en allant.* Je suis votre serviteur éternel.

MARTON. Adieu.

ARLEQUIN, *revenant.* Si vous le rencontrez, ne lui dites point qu'un autre galope à ma place.

Notes

1. **envoyer** : envoyer quelqu'un.

2. **postillon** : conducteur d'une voiture de poste.

SCÈNE 4

MADAME ARGANTE, LE COMTE, MARTON

MARTON, *un moment seule*. Ne disons mot que[1] je n'aie vu ce que ceci contient.

MADAME ARGANTE. Eh bien, Marton, qu'avez-vous appris de Dubois ?

MARTON. Rien que ce que vous saviez déjà, Madame, et ce n'est pas assez.

MADAME ARGANTE. Dubois est un coquin qui nous trompe.

LE COMTE. Il est vrai que sa menace signifiait quelque chose de plus.

MADAME ARGANTE. Quoi qu'il en soit, j'attends Monsieur Remy que j'ai envoyé chercher ; et s'il ne nous défait pas de cet homme-là, ma fille saura qu'il ose l'aimer ; je l'ai résolu. Nous en avons les présomptions les plus fortes ; et ne fût-ce que par bienséance, il faudra bien qu'elle le chasse. D'un autre côté, j'ai fait venir l'intendant que Monsieur le Comte lui proposait. Il est ici, et je le lui présenterai sur-le-champ.

MARTON. Je doute que vous réussissiez si nous n'apprenons rien de nouveau ; mais je tiens peut-être son congé, moi qui vous parle... Voici Monsieur Remy : je n'ai pas le temps de vous en dire davantage, et je vais m'éclaircir[2].

(Elle veut sortir.)

Notes

1. **que** : avant que.

2. **m'éclaircir** : me renseigner.

SCÈNE 5

MONSIEUR REMY, MADAME ARGANTE, LE COMTE, MARTON

MONSIEUR REMY, *à Marton qui se retire.* Bonjour, ma nièce, puisque enfin il faut que vous la soyez[1]. Savez-vous ce qu'on me veut ici ?

MARTON, *brusquement.* Passez, Monsieur, et cherchez votre nièce ailleurs : je n'aime point les mauvais plaisants.

(Elle sort.)

MONSIEUR REMY. Voilà une petite fille bien incivile. *(À Madame Argante.)* On m'a dit de votre part de venir ici, Madame ; de quoi est-il donc question ?

MADAME ARGANTE, *d'un ton revêche.* Ah ! c'est donc vous, Monsieur le Procureur ?

MONSIEUR REMY. Oui, Madame, je vous garantis que c'est moi-même.

MADAME ARGANTE. Et de quoi vous êtes-vous avisé[2], je vous prie, de nous embarrasser d'un intendant de votre façon ?

MONSIEUR REMY. Et par quel hasard Madame y trouve-t-elle à redire ?

MADAME ARGANTE. C'est que nous nous serions bien passés du présent que vous nous avez fait.

MONSIEUR REMY. Ma foi ! Madame, s'il n'est pas à votre goût, vous êtes bien difficile.

MADAME ARGANTE. C'est votre neveu, dit-on ?

MONSIEUR REMY. Oui, Madame.

MADAME ARGANTE. Eh bien ! tout votre neveu qu'il est, vous nous ferez un grand plaisir de le retirer.

Notes

1. **vous la soyez** : on dirait maintenant « vous le soyez ».

2. **de quoi vous êtes-vous avisé** : quelle idée avez-vous eue.

MONSIEUR REMY. Ce n'est pas à vous que je l'ai donné.

MADAME ARGANTE. Non ; mais c'est à nous qu'il déplaît, à moi et à Monsieur le Comte que voilà, et qui doit épouser ma fille.

MONSIEUR REMY, *élevant la voix*. Celui-ci[1] est nouveau ! Mais, Madame, dès qu'il n'est pas à vous[2], il me semble qu'il n'est pas essentiel qu'il vous plaise. On n'a pas mis dans le marché qu'il vous plairait, personne n'a songé à cela ; et, pourvu qu'il convienne à Madame Araminte, tout doit être content. Tant pis pour qui ne l'est pas. Qu'est-ce que cela signifie ?

MADAME ARGANTE. Mais vous avez le ton bien rogue[3], Monsieur Remy.

MONSIEUR REMY. Ma foi ! vos compliments[4] ne sont pas propres à l'adoucir, Madame Argante.

LE COMTE. Doucement, Monsieur le Procureur, doucement : il me paraît que vous avez tort.

MONSIEUR REMY. Comme vous voudrez, Monsieur le Comte, comme vous voudrez ; mais cela ne vous regarde pas. Vous savez bien que je n'ai pas l'honneur de vous connaître, et nous n'avons que faire ensemble, pas la moindre chose.

LE COMTE. Que vous me connaissiez ou non, il n'est pas si peu essentiel que vous le dites que votre neveu plaise à Madame. Elle n'est pas une étrangère dans la maison.

MONSIEUR REMY. Parfaitement étrangère pour cette affaire-ci, Monsieur ; on ne peut pas plus étrangère. Au surplus, Dorante est un homme d'honneur, connu pour tel, dont j'ai répondu, dont je répondrai toujours, et dont Madame parle ici d'une manière choquante.

MADAME ARGANTE. Votre Dorante est un impertinent.

Notes

1. **Celui-ci** : ceci.
2. **dès qu'il n'est pas à vous** : vu que Dorante n'est pas à votre service.
3. **rogue** : méprisant.
4. **compliments** : formules de politesse (ironique ici).

MONSIEUR REMY. Bagatelle ! ce mot-là ne signifie rien dans votre bouche.

MADAME ARGANTE. Dans ma bouche ! À qui parle donc ce petit praticien[1], Monsieur le Comte ? Est-ce que vous ne lui imposerez pas silence ?

MONSIEUR REMY. Comment donc ! m'imposer silence ! à moi, Procureur ! Savez-vous bien qu'il y a cinquante ans que je parle, Madame Argante ?

MADAME ARGANTE. Il y a donc cinquante ans que vous ne savez ce que vous dites.

SCÈNE 6

ARAMINTE, MADAME ARGANTE,
MONSIEUR REMY, LE COMTE

ARAMINTE. Qu'y a-t-il donc ? On dirait que vous vous querellez.

MONSIEUR REMY. Nous ne sommes pas fort en paix, et vous venez très à propos, Madame : il s'agit de Dorante ; avez-vous sujet de vous plaindre de lui ?

ARAMINTE. Non, que je sache.

MONSIEUR REMY. Vous êtes-vous aperçue qu'il ait manqué de probité ?

ARAMINTE. Lui ? non vraiment. Je ne le connais que pour un homme très estimable.

MONSIEUR REMY. Au discours que Madame en tient, ce doit pourtant être un fripon, dont il faut que je vous délivre, et on se passerait bien du présent que je vous ai fait, et c'est un impertinent qui déplaît à Monsieur qui parle en quali-

Note

1. **praticien** : personne qui connaît la procédure.

té d'époux futur ; et à cause que je le défends, on veut me persuader que je radote[1].

ARAMINTE, *froidement.* On se jette là dans de grands excès. Je n'y ai point de part, Monsieur. Je suis bien éloignée de vous traiter si mal. À l'égard de Dorante, la meilleure justification qu'il y ait pour lui, c'est que je le garde. Mais je venais pour savoir une chose, Monsieur le Comte. Il y a là-bas, m'a-t-on dit, un homme d'affaires que vous avez amené pour moi. On se trompe apparemment.

LE COMTE. Madame, il est vrai qu'il est venu avec moi ; mais c'est Madame Argante…

MADAME ARGANTE. Attendez, je vais répondre. Oui, ma fille, c'est moi qui ai prié Monsieur de le faire venir pour remplacer celui que vous avez et que vous allez mettre dehors : je suis sûre de mon fait. J'ai laissé dire votre procureur, au reste, mais il amplifie[2].

MONSIEUR REMY. Courage !

MADAME ARGANTE, *vivement.* Paix ; vous avez assez parlé. *(À Araminte.)* Je n'ai point dit que son neveu fût un fripon. Il ne serait pas impossible qu'il le fût, je n'en serais pas étonnée.

MONSIEUR REMY. Mauvaise parenthèse, avec votre permission, supposition injurieuse, et tout à fait hors d'œuvre[3].

MADAME ARGANTE. Honnête homme, soit : du moins n'a-t-on pas encore de preuves du contraire, et je veux croire qu'il l'est. Pour un impertinent et très impertinent, j'ai dit qu'il en était un, et j'ai raison. Vous dites que vous le garderez : vous n'en ferez rien.

ARAMINTE, *froidement.* Il restera, je vous assure.

MADAME ARGANTE. Point du tout ; vous ne sauriez. Seriez-vous d'humeur à garder un intendant qui vous aime ?

Notes

1. **radote :** déraisonne.
2. **amplifie :** exagère.
3. **hors d'œuvre :** hors de propos.

MONSIEUR REMY. Eh ! à qui voulez-vous donc qu'il s'attache ? À vous, à qui il n'a pas affaire ?

ARAMINTE. Mais, en effet, pourquoi faut-il que mon intendant me haïsse ?

MADAME ARGANTE. Eh ! non, point d'équivoque[1]. Quand je vous dis qu'il vous aime, j'entends qu'il est amoureux de vous, en bon français ; qu'il est ce qu'on appelle amoureux ; qu'il soupire pour vous ; que vous êtes l'objet secret de sa tendresse.

MONSIEUR REMY, *étonné*. Dorante ?

ARAMINTE, *riant*. L'objet secret de sa tendresse ! Oh ! oui, très secret, je pense. Ah ! ah ! je ne me croyais pas si dangereuse à voir. Mais dès que vous devinez de pareils secrets, que ne devinez-vous que tous mes gens sont comme lui ? Peut-être qu'ils m'aiment aussi : que sait-on ? Monsieur Remy, vous qui me voyez assez souvent, j'ai envie de deviner que vous m'aimez aussi.

MONSIEUR REMY. Ma foi, Madame, à l'âge de mon neveu, je ne m'en tirerais pas mieux qu'on dit qu'il s'en tire.

MADAME ARGANTE. Ceci n'est pas matière à plaisanterie, ma fille. Il n'est pas question de votre Monsieur Remy ; laissons là ce bonhomme[2], et traitons la chose un peu plus sérieusement. Vos gens ne vous font pas peindre, vos gens ne se mettent point à contempler vos portraits, vos gens n'ont point l'air galant, la mine doucereuse[3].

MONSIEUR REMY, *à Araminte*. J'ai laissé passer le bonhomme à cause de vous, au moins ; mais le bonhomme est quelquefois brutal.

Notes

1. **équivoque :** jeu sur les différents sens d'un mot.

2. **bonhomme :** terme un peu méprisant pour désigner une personne jugée inférieure.

3. **doucereuse :** d'une douceur hypocrite.

ARAMINTE. En vérité, ma mère, vous seriez la première à vous moquer de moi, si ce que vous dites me faisait la moindre impression ; ce serait une enfance[1] à moi que de le renvoyer sur un pareil soupçon. Est-ce qu'on ne peut me voir sans m'aimer ? Je n'y saurais que faire : il faut bien m'y accoutumer et prendre mon parti là-dessus. Vous lui trouvez l'air galant, dites-vous ? Je n'y avais pas pris garde, et je ne lui en ferai point un reproche. Il y aurait de la bizarrerie à se fâcher de ce qu'il est bien fait. Je suis d'ailleurs comme tout le monde : j'aime assez les gens de bonne mine.

SCÈNE 7

ARAMINTE, MADAME ARGANTE,
MONSIEUR REMY, LE COMTE, DORANTE

DORANTE. Je vous demande pardon, Madame, si je vous interromps. J'ai lieu de présumer que mes services ne vous sont plus agréables ; et dans la conjoncture[2] présente, il est naturel que je sache mon sort.

MADAME ARGANTE, *ironiquement.* Son sort ! Le sort d'un intendant : que cela est beau !

MONSIEUR REMY. Et pourquoi n'aurait-il pas un sort ?

ARAMINTE, *d'un air vif à sa mère.* Voilà des emportements qui m'appartiennent. *(À Dorante.)* Quelle est cette conjoncture, Monsieur, et le motif de votre inquiétude ?

DORANTE. Vous le savez, Madame. Il y a quelqu'un ici que vous avez envoyé chercher pour occuper ma place.

ARAMINTE. Ce quelqu'un-là est fort mal conseillé. Désabusez-vous[3] : ce n'est point moi qui l'ai fait venir.

Notes

1. **enfance** : enfantillage.
2. **conjoncture** : situation.
3. **Désabusez-vous** : détrompez-vous.

DORANTE. Tout a contribué à me tromper, d'autant plus que Mademoiselle Marton vient de m'assurer que dans une heure je ne serais plus ici.

ARAMINTE. Marton vous a tenu un fort sot discours.

MADAME ARGANTE. Le terme est encore trop long : il devrait en sortir tout à l'heure[1].

MONSIEUR REMY, *comme à part*. Voyons par où cela finira.

ARAMINTE. Allez, Dorante, tenez-vous en repos; fussiez-vous l'homme du monde qui me convînt le moins, vous resteriez : dans cette occasion-ci, c'est à moi-même que je dois cela; je me sens offensée du procédé qu'on a avec moi, et je vais faire dire à cet homme d'affaires qu'il se retire; que ceux qui l'ont amené sans me consulter le remmènent, et qu'il n'en soit plus parlé.

SCÈNE 8

ARAMINTE, MADAME ARGANTE, MONSIEUR REMY, LE COMTE, DORANTE, MARTON

MARTON, *froidement*. Ne vous pressez pas de le renvoyer, Madame; voilà une lettre de recommandation pour lui, et c'est Monsieur Dorante qui l'a écrite.

ARAMINTE. Comment!

MARTON, *donnant la lettre au Comte*. Un instant, Madame : cela mérite d'être écouté. La lettre est de Monsieur, vous dis-je.

LE COMTE *lit haut*. *Je vous conjure, mon cher ami, d'être demain sur les neuf heures du matin chez vous; j'ai bien des choses à vous dire; je crois que je vais sortir de chez la dame que vous savez; elle ne peut plus ignorer la malheureuse passion que j'ai prise pour elle, et dont je ne guérirai jamais.*

Note

1. **tout à l'heure** : tout de suite.

MADAME ARGANTE. De la passion ! Entendez-vous, ma fille ?

LE COMTE *lit. Un misérable ouvrier, que je n'attendais pas, est venu ici pour m'apporter la boîte de ce portrait que j'ai fait d'elle.*

MADAME ARGANTE. C'est-à-dire que le personnage sait peindre.

LE COMTE *lit. J'étais absent, il l'a laissée à une fille de la maison.*

MADAME ARGANTE, *à Marton.* Fille de la maison ? cela vous regarde.

LE COMTE *lit. On a soupçonné que ce portrait m'appartenait ; ainsi, je pense qu'on va tout découvrir, et qu'avec le chagrin d'être renvoyé et de perdre le plaisir de voir tous les jours celle que j'adore...*

MADAME ARGANTE. Que j'adore ! Ah ! Que j'adore !

LE COMTE *lit. J'aurai encore celui d'être méprisé d'elle.*

MADAME ARGANTE. Je crois qu'il n'a pas mal deviné celui-là, ma fille.

LE COMTE *lit. Non pas à cause de la médiocrité de ma fortune, sorte de mépris dont je n'oserais la croire capable...*

MADAME ARGANTE. Eh ! pourquoi non ?

LE COMTE *lit. Mais seulement du peu que je vaux auprès d'elle, tout honoré que je suis*[1] *de l'estime de tant d'honnêtes gens.*

MADAME ARGANTE. Et en vertu de quoi l'estiment-ils tant ?

LE COMTE *lit. Auquel cas je n'ai plus que faire à Paris. Vous êtes à la veille de vous embarquer, et je suis déterminé à vous suivre.*

MADAME ARGANTE. Bon voyage au galant.

MONSIEUR REMY. Le beau motif d'embarquement !

MADAME ARGANTE. Eh bien ! en avez-vous le cœur net, ma fille ?

LE COMTE. L'éclaircissement m'en paraît complet.

Note

1. ***tout honoré que je suis*** : même si je suis honoré.

ARAMINTE, *à Dorante.* Quoi ! cette lettre n'est pas d'une écriture contrefaite ? vous ne la niez point ?

DORANTE. Madame…

ARAMINTE. Retirez-vous.

(Dorante sort.)

MONSIEUR REMY. Eh bien ! quoi ? c'est de l'amour qu'il a ; ce n'est pas d'aujourd'hui que les belles personnes en donnent ; et, tel que vous le voyez, il n'en a pas pris pour toutes celles qui auraient bien voulu lui en donner. Cet amour-là lui coûte quinze mille livres de rente, sans compter les mers qu'il veut courir ; voilà le mal ; car, au reste, s'il était riche, le personnage en vaudrait bien un autre ; il pourrait bien dire qu'il adore. *(Contrefaisant Madame Argante.)* Et cela ne serait point si ridicule. Accommodez-vous[1], au reste ; je suis votre serviteur, Madame. *(Il sort.)*

MARTON. Fera-t-on monter l'intendant que Monsieur le Comte a amené, Madame ?

ARAMINTE. N'entendrai-je parler que d'intendant ! Allez-vous-en ; vous prenez mal votre temps pour me faire des questions.

(Marton sort.)

MADAME ARGANTE. Mais, ma fille, elle a raison ; c'est Monsieur le Comte qui vous en répond, il n'y a qu'à le prendre.

ARAMINTE. Et moi, je n'en veux point.

LE COMTE. Est-ce à cause qu'il vient[2] de ma part, Madame ?

ARAMINTE. Vous êtes le maître d'interpréter, Monsieur ; mais je n'en veux point.

LE COMTE. Vous vous expliquez là-dessus d'un air de vivacité[3] qui m'étonne.

Notes

1. Accommodez-vous : mettez-vous d'accord.

2. à cause qu'il vient : parce qu'il vient.

3. d'un air de vivacité : avec une véhémence.

MADAME ARGANTE. Mais, en effet, je ne vous reconnais pas. Qu'est-ce qui vous fâche ?

ARAMINTE. Tout; on s'y est mal pris; il y a dans tout ceci des façons si désagréables, des moyens si offensants, que tout m'en choque.

MADAME ARGANTE, *étonnée*. On ne vous entend point!

LE COMTE. Quoique je n'aie aucune part à ce qui vient de se passer, je ne m'aperçois que trop, Madame, que je ne suis pas exempt de votre mauvaise humeur, et je serais fâché d'y contribuer davantage par ma présence.

MADAME ARGANTE. Non, Monsieur, je vous suis. Ma fille, je retiens Monsieur le Comte; vous allez venir nous trouver apparemment[1]. Vous n'y songez pas, Araminte; on ne sait que penser.

SCÈNE 9

ARAMINTE, DUBOIS

1 DUBOIS. Enfin, Madame, à ce que je vois, vous en voilà délivrée. Qu'il devienne tout ce qu'il voudra à présent. Tout le monde a été témoin de sa folie, et vous n'avez plus rien à craindre de sa douleur; il ne dit mot. Au reste, je viens seulement de le rencontrer plus mort que vif, qui traversait la galerie pour aller chez lui. Vous auriez trop ri de le voir soupirer; il m'a pourtant fait pitié : je l'ai vu si défait, si pâle et si triste, que j'ai eu peur qu'il ne se trouve mal.

ARAMINTE, *qui ne l'a pas regardé jusque-là, et qui a toujours rêvé[2], dit d'un ton haut*. Mais qu'on aille donc voir : quelqu'un l'a-t-il suivi ? Que ne le secouriez-vous ? Faut-il le tuer, cet homme ?

Notes

1. **apparemment** : sans aucun doute.

2. ***qui a toujours rêvé*** : qui était plongée dans ses pensées.

DUBOIS. J'y ai pourvu, Madame. J'ai appelé Arlequin, qui ne le quittera pas, et je crois d'ailleurs qu'il n'arrivera rien ; voilà qui est fini. Je ne suis venu que pour dire une chose : c'est que je pense qu'il demandera à vous parler, et je ne conseille pas à Madame de le voir davantage ; ce n'est pas la peine.

ARAMINTE, *sèchement*. Ne vous embarrassez pas : ce sont mes affaires.

DUBOIS. En un mot, vous en êtes quitte, et cela par le moyen de cette lettre qu'on vous a lue et que Mademoiselle Marton a tirée d'Arlequin par mon avis ; je me suis douté qu'elle pourrait vous être utile ; et c'est une excellente idée que j'ai eue là ; n'est-ce pas, Madame ?

ARAMINTE, *froidement*. Quoi ! c'est à vous que j'ai l'obligation de la scène qui vient de se passer ?

DUBOIS, *librement*. Oui, Madame.

ARAMINTE. Méchant valet ! ne vous présentez plus devant moi.

DUBOIS, *comme étonné*. Hélas ! Madame, j'ai cru bien faire.

ARAMINTE. Allez, malheureux ! il fallait m'obéir ; je vous avais dit de ne plus vous en mêler ; vous m'avez jetée dans tous les désagréments que je voulais éviter. C'est vous qui avez répandu tous les soupçons qu'on a eus sur son compte, et ce n'est pas par attachement pour moi que vous m'avez appris qu'il m'aimait ; ce n'est que par le plaisir de faire du mal. Il m'importait peu d'en être instruite ; c'est un amour que je n'aurais jamais su, et je le trouve bien malheureux d'avoir eu affaire à vous, lui qui a été votre maître, qui vous affectionnait, qui vous a bien traité, qui vient, tout récemment encore, de vous prier à genoux de lui garder le secret. Vous l'assassinez, vous me trahissez moi-même. Il faut que vous soyez capable de tout. Que je ne vous voie jamais, et point de réplique.

DUBOIS *s'en va en riant*. Allons, voilà qui est parfait.

SCÈNE 10

ARAMINTE, MARTON

MARTON, *triste.* La manière dont vous m'avez renvoyée, il n'y a qu'un moment, me montre que je vous suis désagréable, Madame, et je crois vous faire plaisir en vous demandant mon congé.

ARAMINTE, *froidement.* Je vous le donne.

MARTON. Votre intention est-elle que je sorte dès aujourd'hui, Madame ?

ARAMINTE. Comme vous voudrez.

MARTON. Cette aventure-ci est bien triste pour moi !

ARAMINTE. Oh ! point d'explication, s'il vous plaît.

MARTON. Je suis au désespoir.

ARAMINTE, *avec impatience.* Est-ce que vous êtes fâchée de vous en aller ? Eh bien, restez, Mademoiselle, restez : j'y consens ; mais finissons.

MARTON. Après les bienfaits dont vous m'avez comblée, que ferais-je auprès de vous, à présent que je vous suis suspecte, et que j'ai perdu toute votre confiance ?

ARAMINTE. Mais que voulez-vous que je vous confie ? Inventerai-je des secrets pour vous les dire ?

MARTON. Il est pourtant vrai que vous me renvoyez, Madame ; d'où vient ma disgrâce ?

ARAMINTE. Elle est dans votre imagination. Vous me demandez votre congé, je vous le donne.

MARTON. Ah ! Madame, pourquoi m'avez-vous exposée au malheur de vous déplaire ? J'ai persécuté par ignorance l'homme du monde le plus aimable, qui vous aime plus qu'on n'a jamais aimé.

ARAMINTE, *à part.* Hélas !

MARTON. Et à qui je n'ai rien à reprocher; car il vient de me parler. J'étais son ennemie, et je ne la suis plus. Il m'a tout dit. Il ne m'avait jamais vue : c'est Monsieur Remy qui m'a trompée, et j'excuse Dorante.

ARAMINTE. À la bonne heure.

MARTON. Pourquoi avez-vous eu la cruauté de m'abandonner au hasard d'aimer un homme qui n'est pas fait pour moi, qui est digne de vous, et que j'ai jeté dans une douleur dont je suis pénétrée[1] ?

ARAMINTE, *d'un ton doux*. Tu l'aimais donc, Marton ?

MARTON. Laissons là mes sentiments. Rendez-moi votre amitié comme je l'avais, et je serai contente.

ARAMINTE. Ah ! je te la rends tout entière.

MARTON, *lui baisant la main*. Me voilà consolée.

ARAMINTE. Non, Marton, tu ne l'es pas encore. Tu pleures et tu m'attendris.

MARTON. N'y prenez point garde. Rien ne m'est si cher que vous.

ARAMINTE. Va, je prétends bien te faire oublier tous tes chagrins. Je pense que voici Arlequin.

SCÈNE 11

ARAMINTE, MARTON, ARLEQUIN

ARAMINTE. Que veux-tu ?

ARLEQUIN, *pleurant et sanglotant*. J'aurais bien de la peine à vous le dire ; car je suis dans une détresse qui me coupe entièrement la parole, à cause de la trahison que Mademoiselle Marton m'a faite. Ah ! quelle ingrate perfidie !

Note
1. **pénétrée** : émue.

MARTON. Laisse là ta perfidie et nous dis ce que tu veux.

ARLEQUIN. Ah ! cette pauvre lettre. Quelle escroquerie !

ARAMINTE. Dis donc.

ARLEQUIN. Monsieur Dorante vous demande à genoux qu'il vienne ici vous rendre compte des paperasses qu'il a eues dans les mains depuis qu'il est ici. Il m'attend à la porte où il pleure.

MARTON. Dis-lui qu'il vienne.

ARLEQUIN. Le voulez-vous, Madame ? car je ne me fie pas à elle. Quand on m'a une fois affronté[1], je n'en reviens point[2].

MARTON, *d'un air triste et attendri*. Parlez-lui, Madame ; je vous laisse.

ARLEQUIN, *quand Marton est partie*. Vous ne me répondez point, Madame ?

ARAMINTE. Il peut venir.

SCÈNE 12

DORANTE, ARAMINTE

ARAMINTE. Approchez, Dorante.

DORANTE. Je n'ose presque paraître devant vous.

ARAMINTE, *à part*. Ah ! je n'ai guère plus d'assurance que lui. *(Haut.)* Pourquoi vouloir me rendre compte de mes papiers ? Je m'en fie bien à vous[3]. Ce n'est pas là-dessus que j'aurai à me plaindre.

DORANTE. Madame... j'ai autre chose à dire... je suis si interdit, si tremblant que je ne saurais parler.

Notes

1. affronté : trompé.

2. je n'en reviens point : je conserve ma rancune.

3. Je m'en fie bien à vous : je vous fais confiance sur ce point.

ARAMINTE, *à part, avec émotion*. Ah ! que je crains la fin de tout ceci !

DORANTE, *ému*. Un de vos fermiers est venu tantôt, Madame.

ARAMINTE, *émue*. Un de mes fermiers !… cela se peut bien.

DORANTE. Oui, Madame… il est venu.

ARAMINTE, *toujours émue*. Je n'en doute pas.

DORANTE, *ému*. Et j'ai de l'argent à vous remettre.

ARAMINTE. Ah ! de l'argent… nous verrons.

DORANTE. Quand il vous plaira, Madame, de le recevoir.

ARAMINTE. Oui… je le recevrai… vous me le donnerez. *(À part.)* Je ne sais ce que je lui réponds.

DORANTE. Ne serait-il pas temps de vous l'apporter ce soir ou demain, Madame ?

ARAMINTE. Demain, dites-vous ! Comment vous garder jusque-là, après ce qui est arrivé ?

DORANTE, *plaintivement*. De tout le temps de ma vie que je vais passer loin de vous, je n'aurais plus que ce seul jour qui m'en serait précieux.

ARAMINTE. Il n'y a pas moyen, Dorante ; il faut se quitter. On sait que vous m'aimez, et l'on croirait que je n'en suis pas fâchée.

DORANTE. Hélas ! Madame, que je vais être à plaindre !

ARAMINTE. Ah ! allez, Dorante, chacun a ses chagrins.

DORANTE. J'ai tout perdu ! J'avais un portrait, et je ne l'ai plus.

ARAMINTE. À quoi vous sert de l'avoir ? Vous savez peindre.

DORANTE. Je ne pourrai de longtemps m'en dédommager[1]. D'ailleurs, celui-ci m'aurait été bien cher ! Il a été entre vos mains, Madame.

Note

1. **m'en dédommager** : compenser cette perte.

ARAMINTE. Mais vous n'êtes pas raisonnable.

DORANTE. Ah ! Madame, je vais être éloigné de vous. Vous serez assez vengée. N'ajoutez rien à ma douleur.

ARAMINTE. Vous donner mon portrait ! Songez-vous que ce serait avouer que je vous aime ?

DORANTE. Que vous m'aimez, Madame ! Quelle idée ! qui pourrait se l'imaginer ?

ARAMINTE, *d'un ton vif et naïf.* Et voilà pourtant ce qui m'arrive.

DORANTE, *se jetant à ses genoux.* Je me meurs !

ARAMINTE. Je ne sais plus où je suis. Modérez votre joie ; levez-vous, Dorante.

DORANTE, *se lève, et dit tendrement.* Je ne la mérite pas. Cette joie me transporte. Je ne la mérite pas, Madame. Vous allez me l'ôter ; mais n'importe, il faut que vous soyez instruite.

ARAMINTE, *étonnée.* Comment ! que voulez-vous dire ?

DORANTE. Dans tout ce qui s'est passé chez vous, il n'y a rien de vrai que ma passion qui est infinie, et que le portrait que j'ai fait. Tous les incidents qui sont arrivés partent de l'industrie[1] d'un domestique qui savait mon amour, qui m'en plaint, qui par le charme de l'espérance, du plaisir de vous voir, m'a pour ainsi dire forcé de consentir à son stratagème ; il voulait me faire valoir auprès de vous. Voilà, Madame, ce que mon respect, mon amour et mon caractère ne me permettent pas de vous cacher. J'aime encore mieux regretter votre tendresse que de la devoir à l'artifice[2] qui me l'a acquise ; j'aime mieux votre haine que le remords d'avoir trompé ce que j'adore.

ARAMINTE, *le regardant quelque temps sans parler.* Si j'apprenais cela d'un autre que de vous, je vous haïrais sans doute ; mais l'aveu que vous m'en faites vous-même, dans un moment comme celui-ci, change tout. Ce trait de sincérité me charme,

Notes

1. **industrie** : ingéniosité.

2. **artifice** : ruse.

me paraît incroyable, et vous êtes le plus honnête homme du monde. Après tout, puisque vous m'aimez véritablement, ce que vous avez fait pour gagner mon cœur n'est point blâmable : il est permis à un amant de chercher les moyens de plaire, et on doit lui pardonner lorsqu'il a réussi.

DORANTE. Quoi ! la charmante Araminte daigne me justifier !

ARAMINTE. Voici le Comte avec ma mère ; ne dites mot, et laissez-moi parler.

Antoine Watteau, *Un homme couché et une femme assise par terre* (1716), dessin à la craie sur papier brun.

Voir Méthode, p. 153.

Se préparer à l'oral du Bac

Analyse de l'heureux dénouement (l. 27 à 74, pp. 100 à 102)

Conseils pour la lecture à haute voix

› Dans la première partie de l'extrait, faites sentir la différence entre l'apparente insensibilité d'Araminte et la douleur de Dorante.

› Dans l'échange final entre les deux personnages (l. 48 à 71), mettez en valeur la sincérité et l'émotion des deux héros.

Explication linéaire

Introduction

Avec *Les Fausses Confidences*, comédie créée en 1737, Marivaux veut montrer la victoire du sentiment amoureux sur les conventions sociales ou le poids de la fortune. Cependant, au début de la scène 12 de l'acte III, la situation de Dorante, amoureux d'Araminte, semble désespérée puisqu'il est sur le point d'être renvoyé par la jeune femme de son poste d'intendant. Mais la scène expose un revirement inattendu.

I. L'amour face à la raison (l. 27 à 39)

1. Quelle image Dorante donne-t-il de lui-même à travers le type de langage qu'il utilise dans ce passage ?

2. Sur quel ton Araminte réagit-elle à ses paroles dans ce passage ? Sur quels plans (morale, raison, loi…) se place-t-elle ? Par quels procédés marque-t-elle sa détermination ?

II. L'aveu d'Araminte (l. 40 à 47)

3. Comment l'aveu d'Araminte est-il amené dans ce passage ? Correspond-il à ce que l'on connaît du personnage ?

III. La dernière épreuve d'Araminte (l. 48 à 74)

4. En observant le champ lexical dominant ainsi que le vocabulaire moral, montrez comment Dorante justifie sa conduite aux lignes 48 à 62.

5 Comment présente-t-il le personnage et le rôle de Dubois ? Dans quel but ?

6 Montrez en quoi l'action des lignes 48 à 71 constitue l'ultime épreuve d'Araminte.

7 Cette scène remplit-elle les fonctions d'un dénouement ? Justifiez votre réponse.

Conclusion

Cette scène, qui constitue le véritable dénouement de l'intrigue sentimentale, consacre le triomphe de l'amour. Araminte a laissé parler son cœur et ses sentiments, malgré l'opposition de la société et de ses valeurs de prestige et d'argent incarnées dans la pièce par sa mère et le Comte. Cette scène illustre particulièrement bien le mélange d'émotion, de spontanéité naturelle et de légèreté caractéristique du théâtre de Marivaux.

Grammaire

L'irréel du présent

• Dans un système conditionnel, si la condition exprimée par la subordonnée hypothétique n'est pas réalisée au moment de l'énonciation, il s'agit d'un irréel du présent.

• Il s'exprime par *si* + imparfait dans la conditionnelle et conditionnel présent dans la principale : *« Si tu étais là maintenant, je serais rassuré. »*

• Une phrase à l'irréel du présent est, souvent, suivie d'une opposition qui exprime le retour à la réalité.

8 Relevez la subordonnée circonstancielle de condition dans la phrase *« Si j'apprenais cela d'un autre que de vous, je vous haïrais sans doute »*. Analysez le temps et le mode des deux verbes et montrez de quel système conditionnel il s'agit.

SCÈNE 13

DORANTE, ARAMINTE, LE COMTE, MADAME ARGANTE, DUBOIS, ARLEQUIN

MADAME ARGANTE, *voyant Dorante.* Quoi ! le voilà encore !

ARAMINTE, *froidement.* Oui, ma mère. *(Au Comte.)* Monsieur le Comte, il était question de mariage entre vous et moi, et il n'y faut plus penser. Vous méritez qu'on vous aime ; mon cœur n'est point en état de vous rendre justice, et je ne suis pas d'un rang qui vous convienne.

MADAME ARGANTE. Quoi donc ! que signifie ce discours ?

LE COMTE. Je vous entends, Madame, et sans l'avoir dit à Madame *(montrant Madame Argante)*, je songeais à me retirer ; j'ai deviné tout ; Dorante n'est venu chez vous qu'à cause qu'il vous aimait ; il vous a plu ; vous voulez lui faire sa fortune[1] : voilà tout ce que vous alliez dire.

ARAMINTE. Je n'ai rien à ajouter.

MADAME ARGANTE, *outrée.* La fortune à cet homme-là !

LE COMTE, *tristement.* Il n'y a plus que notre discussion, que nous réglerons à l'amiable ; j'ai dit que je ne plaiderais point, et je tiendrai parole.

ARAMINTE. Vous êtes bien généreux ; envoyez-moi quelqu'un qui en décide, et ce sera assez.

MADAME ARGANTE. Ah ! la belle chute[2] ! Ah ! ce maudit intendant ! Qu'il soit votre mari tant qu'il vous plaira ; mais il ne sera jamais mon gendre.

ARAMINTE. Laissons passer sa colère, et finissons.

(Ils sortent.)

Notes

1. **lui faire sa fortune** : faire son bonheur. 2. **la belle chute** : le beau dénouement.

DUBOIS. Ouf! ma gloire m'accable; je mériterais bien d'appeler cette femme-là ma Bru[1].

ARLEQUIN. Pardi! nous nous soucions bien de ton tableau à présent; l'original nous en fournira bien d'autres copies.

Scène de la comédie italienne : Arlequin et Ricoboni, vers 1720, école française, musée Carnavalet, Paris.

Note

1. **Bru** : belle-fille.

L'essentiel sur l'œuvre

Fiche 1
Structure et résumé de l'œuvre

I – Laisser parler son cœur

Toute la structure de la pièce montre comment Araminte va être entraînée à écouter son cœur en dépit des pesanteurs sociales. Les stratagèmes du valet Dubois servent à lui ouvrir les yeux sur ses propres sentiments et à la mettre au pied du mur pour qu'elle les avoue.

ACTE I : les plans se mettent en place	
2	**Plan de Dubois :** Dorante doit épouser Araminte.
3-5	**Plan de M. Remy :** marier Dorante avec Marton, séduite ; Dorante laisse planer le doute.
10	**Plan de Mme Argante :** marier Araminte au comte Dorimont ; donc faire renvoyer Dorante pour prendre un autre intendant proposé par le Comte.
13-14	Confidence de Dubois qui révèle à Araminte l'amour que Dorante lui voue.
ACTE II : vers l'aveu de Dorante	
2-3	M. Remy propose un mariage intéressant à Dorante qui refuse devant Araminte. Marton pense que c'est pour elle que Dorante refuse.
5-9	Affaire du portrait : un portrait est apporté, que Marton saisit, pensant que c'est le sien, mais c'est celui d'Araminte.
10-11	2nd portrait : dispute avec Arlequin organisée par Dubois ; Dorante a mis un tableau d'Araminte dans sa chambre. Tout le monde pousse Araminte à renvoyer Dorante, mais elle refuse.
12	Dubois dit à Araminte que c'est Dorante qui a fait le portrait. **Plan d'Araminte : faire avouer Dorante,** sous prétexte d'avoir un motif pour le renvoyer.
13	Fausse lettre dictée par Araminte à Dorante où elle dit au Comte qu'elle consent à l'épouser. Dorante ne lui avoue rien.
14-15	Sommé de s'expliquer par Marton, puis poussé par Araminte, **Dorante lui avoue son amour.**
16	Mensonge d'Araminte à Dubois : « *il ne m'a rien dit* ».

	ACTE III : vers l'aveu d'Araminte
1-3	**Dubois expose le plan d'une nouvelle lettre** où Dorante révèle à un ami son amour déçu pour Araminte et son désir de prendre la mer. Dubois s'arrange pour que Marton s'empare de cette lettre.
6-7	Le camp des opposants somme, en vain, Araminte de renvoyer Dorante parce qu'il l'aime.
8	Lecture de la lettre : Araminte ne cède pas.
9	Dubois raconte le désespoir de Dorante à Araminte.
12	Dorante vient prendre congé d'**Araminte**, qui **finit par lui avouer son amour**.

II – Confidences et mensonges

Le titre de la pièce insiste sur le pouvoir de la parole pour faire avancer l'action. Ce tableau montre que tous les personnages manient la vraie ou fausse confidence, du moment qu'elle sert leur intérêt.

	INSTIGATEUR ET CONTENU	BUT
I, 4	**M. Remy à Marton :** Dorante l'aime depuis longtemps.	Marier Dorante et Marton.
I, 10	**Mme Argante** demande à Dorante de mentir à Araminte sur l'issue du procès pour qu'elle épouse le Comte.	Marier Araminte et le Comte.
II, 7	**Marton** ment au livreur du portrait en prétendant qu'elle est au courant.	S'emparer du portrait.
II, 13	Fausse lettre proposant le mariage au Comte dictée par **Araminte** à Dorante.	Faire avouer Dorante.
II, 16	Mensonge d'**Araminte** à Dubois : Dorante *« ne* [lui] *a rien dit »*.	Cacher la vérité pour ne pas être obligée de renvoyer Dorante.
III, 9	**Dubois** manie le vrai et le faux sur sa conduite et celle de Dorante.	Provoquer la colère d'Araminte pour qu'elle se déclare.

Fiche 2
Biographie de l'auteur

Identité :
Pierre Carlet de Chamblain de Marivaux.

Naissance :
4 février 1688, à Paris.

Décès :
12 février 1763 (75 ans), à Paris.

Genres pratiqués :
théâtre, roman, journalisme.

I – De la province à Paris

Pierre Carlet (il se fera appeler Marivaux en 1716) naît à Paris en février 1688, d'une famille de la bourgeoisie (son père est directeur de la Monnaie, c'est-à-dire contrôleur des Finances) qui vit dans une modeste aisance. Après une jeunesse à Riom, en Auvergne, Marivaux monte à Paris en 1710 pour étudier le droit mais n'obtient aucun diplôme au bout de trois ans. Parallèlement, il fréquente assidûment le salon de Mme de Lambert, où il rencontre Fontenelle qui le pousse vers une carrière littéraire.

II – Vers le succès

Dans le camp des Modernes

En 1712, il publie sa première œuvre, *Le Père prudent et équitable*, après avoir été mis au défi d'écrire une comédie en vers. Dans la perspective des « Modernes », poussé par son esprit curieux et ouvert, Marivaux choisit les formes les moins académiques et les plus libres : il s'essaie d'abord au roman avec *Pharsamon* (1712), une parodie des extravagances romanesques baroques et précieuses, puis *La Voiture embourbée* (1714) dans une veine réaliste. En 1716, c'est un poème, *L'Homère travesti ou l'« Iliade » en vers burlesques*, qu'il signe *« M. de Marivaux »*. Il commence, en 1717, à collaborer à la revue *Le Nouveau Mercure* par une chronique (« Lettres sur les habitants de Paris ») dont les lecteurs apprécient la liberté d'écriture et la finesse d'observation.
La même année, il épouse Colombe Bologne, qui lui apporte une belle dot, mais il se retrouvera partiellement ruiné en 1720 par la banqueroute de Law (*cf.* p. 113). Après la mort de sa femme en 1723, les soucis financiers envahiront sa vie

Un homme discret

Marivaux a été un homme discret et réservé qui s'est montré extrêmement pudique sur sa vie sentimentale. Se tenant à l'écart des Cours et des grands débats politiques, il s'est attaché davantage à la liberté du sentiment et de l'esprit. La critique dispose donc de peu d'éléments sur sa vie privée, sinon le fait qu'il était très généreux malgré ses déboires financiers et ne s'accordait qu'un seul luxe : les beaux vêtements !

et deviendront une thématique de ses pièces (en particulier, *Les Fausses Confidences*). Il lui faudra, désormais, vivre de sa plume pour nourrir sa fille unique.

L'apogée du Théâtre-Italien

En 1720, il entame sa carrière théâtrale et connaît son premier succès sur la scène du Théâtre-Italien avec *Arlequin poli par l'amour*, sa deuxième comédie.

C'est le début d'une collaboration de plus de vingt ans avec les Comédiens-Italiens, à un rythme effréné, jusqu'à 2 à 3 pièces par an. Il leur donne les deux tiers d'une production théâtrale très variée :

– de grandes comédies amoureuses comme *La Surprise de l'amour* (1722), *La Double Inconstance* (1723), *Le Jeu de l'amour et du hasard* (1730), *Les Fausses Confidences* (1737) ;
– des comédies d'intrigue comme *L'Heureux Stratagème* (1733) ;
– des comédies de mœurs comme *L'École des mères* (1732) ;
– des comédies sociales comme *L'Île des esclaves* (1725) et *La Colonie* (1750).

Marivaux est également joué à la Comédie-Française, mais avec moins de succès, sans doute en raison du caractère plus académique de cette institution : sa deuxième comédie sociale, *L'Île de la raison*, qui évoque l'émancipation de la femme et l'union libre, est ainsi un échec en 1727.

MARIVAUX ET LES ITALIENS
Des liens d'estime et d'amitié se créent entre l'auteur et les comédiens, en particulier Arlequin et Silvia (Zanetta Benozzi Balletti). Les relations avec cette dernière ont-elles été plus loin que la simple collaboration professionnelle ? Rien ne permet de l'affirmer.

III – Un écrivain polyvalent

Un journaliste philosophe

Toujours épris d'indépendance intellectuelle, Marivaux continue le journalisme d'une façon originale, en créant des journaux dont il est l'unique rédacteur : *Le Spectateur français* de 1721 à 1724, *L'Indigent philosophe* en 1727, *Le Cabinet du philosophe* en 1734. Il y parle avec humour de ses propres difficultés financières, mais propose aussi des portraits variés des types sociaux qu'il rencontre. Voulant *« faire sortir la philosophie des cabinets d'étude et des bibliothèques »*, il porte un regard de moraliste, acéré et légèrement moqueur, sur une société menée par la loi du paraître et de l'argent.

Ces journaux sont également l'occasion, pour lui, d'exprimer ses choix esthétiques, pour un art de la légèreté et de la sensibilité, capable de rendre compte des subtilités mouvantes de la psychologie et de la vie.

LES JOURNAUX DE L'ÉPOQUE
Ces « journaux » se présentent comme des feuilles volantes, paraissant à intervalles irréguliers. Les 25 feuilles du *Spectateur français* seront éditées en volume en 1727.

UN ANCRAGE RÉALISTE
Cet ancrage réaliste se retrouve dans *Les Fausses Confidences*, où il est fait mention de lieux parisiens, mais aussi de dots, de rentes, d'héritages ; les personnages ont un métier (intendant, procureur) et une origine sociale bien définie.

Un romancier prolifique

Parallèlement, Marivaux se lance dans la production d'une œuvre romanesque importante : la rédaction de *La Vie de Marianne* l'occupe de 1727 à 1742, mais le roman, publié en partie de 1731 à 1742, restera inachevé ; et, en 1734-1735, il fait paraître *Le Paysan parvenu* (un jeune paysan monte à Paris et y trouve la réussite sociale grâce à sa « bonne mine »). Ces romans sentimentaux et sociaux, sur fond de peinture réaliste, évoquent les problèmes du mariage, de la condition féminine, du rôle de l'argent dans les choix amoureux et matrimoniaux. Ces autobiographies fictives connaîtront un succès européen.

IV – Une fin de vie en demi-teinte

EN CONCUBINAGE
De 1744 jusqu'à sa mort, Marivaux vit en concubinage avec Angélique de Saint-Jean, peut-être par conviction contre le mariage et pour l'union libre comme il le défendait dans *L'Île de la raison*.

À partir de 1740 et de son dernier grand succès à la scène, *L'Épreuve*, Marivaux connaît de plus en plus de problèmes d'argent, au point qu'il ne peut doter honorablement sa fille, qui entrera au couvent en 1745 grâce à une pension accordée par le duc d'Orléans. Grâce à Mme de Tencin, dont il fréquente le salon depuis 1733, il est élu contre Voltaire à l'Académie française en 1742 (après avoir essuyé deux refus, l'Académie lui étant hostile, mais pas autant qu'à Voltaire !). À la mort de Mme de Tencin, il fréquente les salons de Mme Geoffrin puis de Mme du Deffand.

Il n'écrit, désormais, quasiment plus de théâtre mais quelques traités esthétiques (*Réflexion sur l'esprit humain à l'occasion de Corneille et de Racine*, 1749) ou philosophiques. Élu directeur de l'Académie française en 1759, Marivaux ne produit plus de grande œuvre et décède d'une longue maladie à Paris, en 1763, dans des conditions modestes.

Fiche 3

Contexte historique et culturel

I – Contexte historique : l'aube des Lumières

➠ La fin du règne de Louis XIV (1680-1715)

Cette fin de règne est une période austère et troublée : le roi vieillissant, devenu très dévot sous l'influence de Mme de Maintenon, ravive les persécutions religieuses en révoquant, en 1685, l'édit de Nantes (qui accordait une certaine liberté religieuse aux protestants) ; la censure se renforce, les Comédiens-Italiens sont expulsés de Paris en 1697 à cause de leur liberté de parole. Deux famines et plusieurs périodes de guerre se succèdent, qui épuisent le royaume.

➠ La Régence (1715-1723) ou le règne des plaisirs

À la mort de Louis XIV, en attendant la majorité du futur roi, Philippe d'Orléans devient régent ; ce libertin notoire donne l'exemple d'une vie de luxe et de plaisir, qui favorise l'évolution des mœurs et des arts avec le style « rococo » (Watteau, Boucher, Fragonard…) : les plaisirs de la mondanité dans les salons, les séductions du théâtre ou la fantaisie des jardins à l'anglaise remplacent la rigueur et l'austérité classiques… S'installant au Palais-Royal, le Régent rend à Paris une place prééminente sur les plans politique et culturel ; épris de paix, il veut redonner à la France sa prospérité en encourageant les innovations économiques et en dynamisant les affaires.

➠ Le règne de Louis XV (1723-1774)

Le pays retrouve une paix et une prospérité relatives, qui permettent un grand essor démographique et une modernisation du royaume par le développement du réseau routier et l'expansion du commerce. Mais l'État monarchique est menacé par les importantes fluctuations sociales et des dissidences religieuses et intellectuelles : c'est la naissance du « philosophe », qui, au nom de la raison et de la liberté, conteste l'ordre établi.
La seconde période du règne de Louis XV se voit ternie par des guerres qui causent la perte d'une partie de l'empire colonial français et une vive désaffection de la population pour son roi.

II – Le règne de l'argent

Cette époque voit l'affaiblissement de l'aristocratie et l'expansion du pouvoir de l'argent et des financiers. Tout s'achète et

LE SYSTÈME DE LAW ET SA FAILLITE
En 1716, le financier écossais John Law invente un nouveau mode de crédit fondé sur le papier-monnaie (en échange de l'or) et crée la Banque générale (société privée en actions) : des fortunes colossales se construisent rapidement mais, du fait d'une panique générale engendrée par une forte spéculation et une dévaluation du cours des actions, sombrent lors de la banqueroute en 1720. Nombre de membres de la bourgeoisie, dont Marivaux, s'en trouvent ruinés.

UNE SOMME DE SAVOIRS
En 1751 paraît le premier volume de l'*Encyclopédie* de Diderot et d'Alembert, qui diffuse les idées nouvelles des Lumières.

se vend, depuis les titres nobiliaires jusqu'au mariage. L'argent offre un accès plus facile aux divertissements, comme l'opéra et le théâtre, et introduit le luxe dans la vie quotidienne. Il crée de nouveaux clivages, dont *Les Fausses Confidences* se font l'écho. La bourgeoisie d'affaires (le défunt mari d'Araminte), qui a fait fortune, méprise la bourgeoisie de robe, souvent désargentée. Ainsi Dorante, fils d'avocat ruiné, se trouve-t-il déclassé et contraint à prendre le métier d'intendant (tout comme Marton, réduite à l'état de suivante). Sa pauvreté lui interdit le mariage avec Araminte, qui, au contraire, grâce à sa fortune, voit s'ouvrir à elle les classes les plus hautes : elle se trouve courtisée par le Comte, attiré par la fortune de la riche veuve…

MÉRITE ET FORTUNE
Mérite personnel et fortune se trouvent dissociés à l'époque de Marivaux – ce que déplore Araminte : *« Il est vrai que je suis toujours fâchée de voir d'honnêtes gens sans fortune, tandis qu'une infinité de gens de rien et sans mérite en ont une éclatante »* (p. 23).

III – Bonheur et sensibilité

La Régence développe un nouvel art de vivre fondé sur la sensualité, la sensibilité et la revendication de la liberté. Plaisir et bonheur, considérés comme des aspirations légitimes et naturelles de l'homme, doivent résulter de choix individuels et non plus d'une norme morale ou religieuse, imposée de l'extérieur. C'est bien ce que met en scène Marivaux dans *Les Fausses Confidences* : Araminte va laisser parler son cœur, sa sensibilité face aux voix de la société (incarnées par sa mère et le Comte) qui voudraient lui imposer un prestigieux mariage d'intérêt. C'est par la force de sa passion et ses qualités de cœur que Dorante va l'emporter sur la différence sociale qui semblait lui interdire l'accès à Araminte.

LES COMÉDIENS
La condition des comédiens est difficile : ils peuvent se faire interdire de représentation ou même chasser du pays ; en butte à la réprobation de l'Église, ils n'ont, généralement, pas droit à être enterrés religieusement.

IV – Le théâtre à l'époque de Marivaux

À partir de 1716, le théâtre, très prisé des classes aisées mais aussi populaires, connaît une intense activité. À côté d'un théâtre privé et de Cour, il existe, à Paris, trois lieux officiels de théâtre qui ont chacun leur troupe, leur style et leur répertoire propres :
– L'Opéra ou Académie royale de musique.
– Le Théâtre-Français (ou Comédie-Française). Fondé par Louis XIV, en 1680, il représente le conservatoire de la culture classique, en particulier la tragédie en vers et la comédie classique. S'y faire jouer est une garantie de reconnaissance publique.
– Le Théâtre-Italien, troupe royale aussi depuis 1680. Face au théâtre écrit de la Comédie-Française, les Italiens, improvisant à partir d'un canevas, développent une autre technique fondée sur l'action scénique et le jeu très expressif des acteurs.
Enfin, le théâtre populaire de la Foire, souvent sur tréteaux, est très apprécié pour son inventivité, mais sa liberté de ton lui vaut de nombreuses interdictions.

UN SUCCÈS RETARDÉ
Les Fausses Confidences n'ont eu que peu de succès en 1737, mais beaucoup plus lors de leur reprise quelques mois plus tard. Grand succès jusqu'à la Révolution, la pièce entre au répertoire de la Comédie-Française en 1793.

Fiche 4
Genre de l'œuvre

I – De Molière au Théâtre-Italien

De la comédie de caractère à la comédie de mœurs

Molière a porté à son sommet la comédie de caractère qui met en scène un personnage type, incarnant un tempérament ou un défaut *(L'Avare, Le Misanthrope...)*. Ce genre est lié à la conception d'une nature humaine immuable, reflet d'une société stable et codifiée.

Mais, au début du XVIIIe siècle, le dramaturge devient, dans ses comédies de mœurs, l'observateur d'une société mouvante. Souvent courtes, en prose et d'un rythme très enlevé, ces pièces montrent, avec cynisme, les valeurs de l'action, de l'habileté, qui conduisent à la réussite sociale.

Parallèlement, une réaction se fait jour avec l'élaboration d'une comédie sentimentale, plus morale et plus psychologique.

UN SOMMET DE LA COMÉDIE
Les Fausses Confidences sont, sans doute, un des sommets de l'art de Marivaux, où il joue de toutes les innovations : comédie de mœurs, où l'argent tient son rôle ; comédie d'intrigue, orchestrée par Dubois ; mais surtout « comédie d'amour », portée par une grande subtilité psychologique et langagière.

Les innovations de Marivaux

Marivaux, témoin de ces évolutions, abandonne la comédie classique de 5 actes en vers et compose des comédies en prose, généralement en 1 ou 3 actes. À l'opposé du héros figé dans ses vertus comme dans ses défauts, il invente des personnages mouvants, versatiles, dont il scrute le moindre mouvement du cœur. Le dénouement fait triompher la sensibilité, libérée des carcans sociaux.

Marivaux et le Théâtre-Italien

Marivaux y rencontre des interprètes qui privilégient le naturel, la fantaisie, la finesse psychologique, et savent mélanger le comique et le sérieux. Leurs dialogues, bâtis sur l'improvisation, sont plus spontanés et d'une grande expressivité.

L'intrigue, fondée sur les déguisements et les stratagèmes et pleine de rebondissements, se développe autour du désir amoureux qui se cherche malgré les obstacles.

Si Marivaux a su exploiter ces innovations, il a aussi fait évoluer ce théâtre vers plus de profondeur et de subtilité. Dans *Les Fausses Confidences*, il abandonne les ingrédients traditionnels, comme les costumes et les masques, et n'use plus de déguisements, mais de matériaux empruntés aux romans français du XVIIe siècle, comme le portrait et la lettre volée.

UNE PAROLE NON VERBALE
Dans la scène de la lettre (II, 13), le trouble de Dorante se manifeste moins par le dialogue que par ses gestes, ses attitudes, les expressions de son visage, perceptibles par Araminte et par le spectateur.

II – Comédie d'amour, d'intrigue et de mœurs

L'amour comme agent dramatique

Chez Marivaux, c'est l'amour qui est le thème et l'agent de la pièce. Ici, l'intrigue provoque l'évolution des sentiments et sert de révélateur à une hypothèse posée, au départ, par Dubois : *« Fierté, raison et richesse, il faudra que tout se rende »* (p. 15). L'obstacle est, essentiellement, intérieur : Araminte, veuve et riche, ne dépend matériellement de personne. Mais va-t-elle se laisser aller à aimer son intendant ? Le rôle des stratagèmes de Dubois est alors d'amener Araminte à reconnaître ses sentiments. Si le valet tire tous les fils de l'intrigue, c'est, en dernier ressort, l'amour qui agit : *« Quand l'amour parle, il est le maître, et il parlera »* (p. 15).

Araminte évolue sous nos yeux jusqu'à l'émergence de son être profond, sans qu'il y ait besoin de changements extérieurs pour la faire bouger.

L'AMOUR CHEZ MARIVAUX
« Chez mes confrères, [...] l'amour est en querelle avec ce qui l'environne, et finit par être heureux malgré ses opposants ; chez moi, il n'est en querelle qu'avec lui seul, et finit par être heureux malgré lui », déclare Marivaux dans *Éloge de Marivaux* de D'Alembert.

Une expérimentation théâtrale

L'intrigue, dans les pièces de Marivaux, prend, souvent, la forme d'une épreuve ou d'une expérimentation : le spectateur observe comment vont réagir les personnages placés devant un obstacle à leur désir ou une contradiction interne. Dans *Les Fausses Confidences*, il s'agit de voir comment, grâce à la *« bonne mine »* de Dorante et à son valet, l'amour va naître chez Araminte malgré la différence de fortune.

Ce sont aussi les valeurs de la société qui sont mises à l'épreuve : la contradiction entre le mérite personnel de Dorante (reconnu par tous dans la pièce) et son déclassement social dû à sa ruine va-t-elle se résoudre grâce à l'amour et au choix d'Araminte ?

LE VALET CHEZ MARIVAUX
Le personnage du valet se scinde en deux : Arlequin, le bouffon, et Dubois, le valet d'intrigue, rôle beaucoup plus sérieux et de grande envergure. De plus, en 1737, le comédien devant jouer Arlequin était malade – ce qui explique le rôle très réduit du personnage.

Des personnages mis à l'épreuve

Les autres personnages n'ont pas d'autre fonction dramatique que de mettre à l'épreuve les protagonistes.

Dorante est, ainsi, mis à l'épreuve par :

– M. Remy, qui lui propose le mariage avec Marton (I, 4-5), puis avec une femme riche (II, 2-3) ;

– Araminte, qui veut lui faire avouer son amour dans la scène de la lettre (II, 13) ;

– Marton, qui le somme d'éclaircir ses sentiments pour elle devant Araminte (II, 14-15).

Ces épreuves, qui ne sont pas organisées par Dubois, servent Dorante car elles lui permettent de manifester indirectement

son amour à Araminte et d'apparaître comme un jeune homme moral et non comme un libertin intéressé.
Araminte, quant à elle, est mise à l'épreuve par :
– Dubois, qui la met sans cesse face aux preuves d'amour de Dorante ou à l'urgence de sa décision (lettre de départ de Dorante) ;
– sa mère et le Comte, qui lui proposent un mariage prestigieux et la somment de renvoyer Dorante pour prendre l'intendant du Comte.

III – Le marivaudage

Sur la piste du cœur

Marivaux a inventé une comédie où intrigue et dialogues sont les instruments d'une analyse raffinée du sentiment amoureux. Le « marivaudage », c'est le jeu subtil que jouent les personnages pour se connaître, se séduire, s'éprouver. L'enchaînement des scènes et des répliques permet au dramaturge de rendre sensibles les moindres mouvements du cœur qui avance, dévie ou se cache sur la voie de l'amour. Loin de la mièvrerie alambiquée qu'on lui a reprochée, le théâtre de Marivaux n'exclut pas une certaine cruauté, mais toujours à fleuret moucheté, sans tragique.
La comédie *Les Fausses Confidences* confère un statut particulier au spectateur : toujours en avance sur les héros, averti, dès le début, que le plan de Dubois et l'amour triompheront, il sourit des aveuglements et des mauvais prétextes d'Araminte et jouit des stratagèmes du valet. Mais c'est en toute bonne conscience, car il sait qu'il n'a affaire ni à des libertins ni à des pervers : chez Marivaux, tout finit pour le bonheur des personnages, dans la reconnaissance de l'amour conçu comme un sentiment naturel et positif.

Un « jargon » ?

Certains ont pu trouver l'écriture théâtrale de Marivaux trop subtile et recherchée. Il est, en effet, influencé par le courant de la nouvelle préciosité qui règne alors dans les salons, où l'on pratique l'art de la conversation, unissant l'élégance de la langue à la vivacité naturelle des échanges.
Ce langage très particulier mêle les registres et les tonalités, selon les personnages (la politesse d'Araminte s'oppose à la brusquerie de sa mère, et la familiarité de Dubois au langage galant de l'amoureux). Mais, surtout, la parole des personnages épouse leur instabilité psychologique et l'évolution de leur

MARIVAUDAGE
Le terme, apparu vers 1760, avait une valeur péjorative, désignant un langage trop affecté et l'invention de personnages d'une excessive complexité sentimentale. Voltaire reprochait à Marivaux de *« peser des œufs de mouche dans des balances de toile d'araignée »* !

LES NICHES DE L'AMOUR
Marivaux dit avoir *« guetté dans le cœur humain toutes les niches différentes où peut se cacher l'amour lorsqu'il craint de se montrer, et chacune de* [s]*es comédies a pour objet de le faire sortir d'une de ces niches »* (D'Alembert, *Éloge de Marivaux*).

sensibilité : Araminte, dans son trouble, abandonne sa réserve pour l'ironie mordante (II, 11), voire la colère (III, 9).
Pour le bonheur du spectateur, les personnages pratiquent l'équivoque et le sous-entendu : sous le respect de l'intendant face à « *Madame* » se cache le langage précieux de l'amoureux transi devant sa « *dame* ».

UNE ACTION À L'EFFET INVERSÉ
Les pressions de Mme Argante et du Comte vont, finalement, servir la cause de Dorante : en portant atteinte à la volonté d'indépendance d'Araminte, elles la poussent à affirmer son désir et à choisir le jeune homme.

IV – Un théâtre de la parole

Le théâtre de Marivaux est fondé sur les pouvoirs de la parole tant sur le plan dramatique (elle fait avancer l'action) que sur le plan psychologique (elle révèle l'intériorité et les désirs cachés).

Les confidences : la parole manipulatrice

Dans le théâtre de Marivaux, la parole se fait action, comme le révèle le titre de la pièce, qui n'indique pas un thème ou un personnage mais un fait de langage. Les personnages mentent délibérément (*cf.* p. 109) ou affabulent, comme Dubois, pour provoquer chez l'interlocuteur une réaction. Même si leur discours n'est pas forcément faux, il est toujours intentionnel.
La confidence relève de la persuasion et de l'insinuation, incarnées par Dubois. Par sa parole, il suscite des fantasmes qui font naître et attisent le désir : le beau jeune homme follement amoureux ; la « *grande brune très piquante* » comme rivale… Tout est dans l'art de suggérer ce qu'Araminte ne veut pas encore laisser accéder à sa pensée raisonnable : « *S'il était dans une plus grande fortune, comme il n'y a rien à dire à ce qu'il est né, ce serait une autre affaire* » (p. 67)…

UNE PAROLE MASQUÉE
« Le masque par excellence, c'est la parole » (Jean Rousset, à propos des *Fausses Confidences*).

Dubois fait tout pour déstabiliser Araminte, en lui ouvrant insidieusement des possibles qui renversent ses points de repère psychologiques et sociaux. D'ailleurs, la jeune femme manifeste, à plusieurs reprises (*cf.* II, 12, et III, 9), la gêne que provoquent en elle les paroles du valet, comme le montre l'aparté qui clôt la première confidence de Dubois : « *La vérité est que voici une confidence dont je me serais bien passée moi-même* » (p. 42).

UN FRANC-PARLER COMIQUE
M. Remy rétorque à Dorante : *« je tiens celle que vous aimez pour une guenon »*, sans savoir, évidemment, qu'il s'agit d'Araminte !

Entre le vrai et le faux : la parole révélatrice

L'art de Marivaux consiste à placer ses personnages dans des situations qui les contraignent à employer le mensonge et à souligner, ainsi, la dualité entre le paraître et l'être, entre la parole prononcée et l'intention véritable. Le plaisir du spectateur réside dans le fait de débusquer la vérité sous le masque : comment croire Araminte, par exemple, quand elle prétend auprès de Dubois vouloir garder Dorante pour le guérir de sa folie d'amour par *« l'habitude de* [la] *voir »* (p. 38) ? Le fait même de chercher un prétexte pour le garder suggère son désir mais aussi l'impossibilité, pour elle, de l'admettre encore.

Dans ce monde de faux-semblants, chaque personnage croit connaître la vérité, qui n'appartient, en dernier ressort, qu'au spectateur. *« Chacun a ses lumières »* (p. 64), rétorque Araminte à sa mère. C'est que chacun interprète la réalité ou la parole de l'autre selon son désir ou son intérêt ; c'est ce qui entraînera une si cruelle désillusion pour Marton qui, trop heureuse de *« prendre le change »*, se croit l'objet de l'amour de Dorante : celui-ci ne ment pas à proprement parler mais profite de la sensibilité de la jeune fille pour laisser planer une ambiguïté fort utile pour son dessein.

Mais, si les personnages utilisent tous sciemment le mensonge, la vérité leur échappe parfois à leur insu. Ainsi, Araminte, parlant de Dorante, dit à Dubois : *« Ce n'est plus le besoin que j'ai de lui qui me retient, c'est moi que je ménage »* (p. 66) ; mais ce n'est pas seulement de sa réputation qu'elle parle, comme elle le pense, mais de tout son être et du choix qu'elle a à faire. Au bout du compte, chez Marivaux, la parole finit toujours par faire advenir la vérité, soit directement, soit indirectement par les masques et les duplicités qu'elle révèle.

DUBOIS ET L'INSINUATION

En lançant à Arlequin : *« Si je disais un mot, ton maître sortirait bien vite »*, Dubois jette sciemment le trouble chez tous les personnages en laissant entendre ce que chacun a envie de croire. Il cristallise, ainsi, les tensions autour de Dorante.

Fiche 5
Personnages de l'œuvre

I – Araminte

La surprise de l'amour

Araminte est dans la situation *« si tranquille et si douce »* (p. 43) de la jeune veuve riche, qui lui garantit une indépendance à laquelle elle se montre fort attachée.
Socialement, tout lui sourit… néanmoins, *« elle s'endort dans cet état »* (p. 29). C'est dans ce contexte que l'amour va « parler » et la réveiller !
Marivaux a soin de nous montrer qu'Araminte est sensible au charme de Dorante au premier coup d'œil (I, 6). La confidence de Dubois ne viendra qu'après pour lui révéler la passion de l'amoureux et flatter son amour-propre en la peignant en dame adorée par un amant transi (I, 14).

UNE FEMME QUI S'AFFIRME Quand le Comte manifeste des velléités de jalousie, Araminte s'élève vivement contre *« ce caractère d'esprit-là »* (p. 59). Elle s'affirme face au « clan » adverse : *« tous leurs petits complots n'aboutiront à rien ; je suis la maîtresse »* (p. 69).

Les épreuves d'Araminte

Commence alors le combat annoncé contre *« fierté, raison et richesse »* (p. 15). La fierté, c'est-à-dire l'image de soi morale et sociale, sera la plus difficile à vaincre, car, comme l'analyse Dubois, *« il faut qu'elle aime en dépit d'elle »* (p. 81). Céder à l'amour de Dorante qui *« s'empar*[e] *de son bien, de son cœur »* (p. 81) ne va pas sans une certaine violence. Elle s'en plaindra d'ailleurs amèrement à Dubois (III, 9).
Araminte résiste en refusant d'admettre son amour naissant (or les apartés et les didascalies le laissent transparaître) avec les armes de la mauvaise foi, en se dissimulant derrière la *« compassion »*, la volonté de *« guérir »* le jeune homme, la justice, le respect par rapport à M. Remy. Son trouble se manifeste aussi par le fait qu'elle manipule Dorante plus ou moins consciemment, non sans cruauté, en laissant planer un doute réitéré sur son éventuel renvoi et son propre mariage avec le Comte.
Mais c'est bien la reconnaissance de son désir et de sa liberté les plus profonds qui lui fera avouer son amour *« d'un ton* […] *naïf »* (p. 101), comme une pulsion intérieure.

UNE FEMME AMOUREUSE Araminte prend la défense de Dorante dès la scène 12 de l'acte I. Elle est immédiatement troublée par la révélation de Dubois : *« Je n'oserais presque le regarder »* (p. 43), dit-elle dès la scène qui suit (I, 15).

II – Dorante

Un jeune homme déclassé et amoureux

Dorante, déclassé par la ruine de sa famille, représente l'honneur perdu de la bourgeoisie : ses qualités morales reconnues, sa bonté envers Dubois, son honnêteté, sa loyauté se heurtent à la barrière sociale de l'argent. C'est, d'ailleurs, ce hiatus entre son mérite personnel et sa place sociale qui fonde la pièce. Portant le nom traditionnel du jeune amoureux, il incarne aussi la passion, seul moteur de ses actions. Elle en fait un personnage plein de sensibilité, caractéristique appréciée des spectateurs de l'époque (les didascalies soulignent, souvent, ses émotions). Sa « *bonne mine* », ses vertus d'homme sensible et son sort social injuste lui valent donc, d'emblée, la sympathie d'Araminte et celle du spectateur.

Un personnage ambigu ?

Mais Dorante ne serait-il qu'un bellâtre intéressé, prêt à jouer de ses charmes pour récupérer une bonne fortune ? Pour parvenir à ses fins, ne se plie-t-il pas avec trop de passivité, voire de complaisance, aux manigances d'un valet ? Marivaux doit faire en sorte qu'on ne puisse jamais douter de la sincérité de sa passion pour Araminte, proclamée tout au long de la pièce. Il prend soin qu'à la fin la victime des stratagèmes lui pardonne, justement au nom de son amour : « *puisque vous m'aimez véritablement, ce que vous avez fait pour gagner mon cœur n'est point blâmable* » (p. 102). Si le mensonge a fait naître l'amour, c'est la vérité qui le confirme.
Dorante a su, finalement, s'imposer face aux autres personnages et face à Araminte par sa persévérance et sa loyauté. En avouant la vérité à la fin, il fait triompher la morale du cœur et du bonheur.

III – Dubois

Un curieux valet

Dubois se distingue du valet sans scrupule et âpre au gain de Molière. La moralisation de la comédie le transforme en adjuvant désintéressé de Dorante, d'autant qu'il n'est plus à son service et qu'une affection réciproque s'est nouée entre eux. Mais, avec Araminte, il peut faire preuve d'un certain cynisme ou de la cruauté du chasseur avec sa proie (p. 80 : « *Il faut l'achever, pendant qu'elle est étourdie* »). Il garde donc un aspect mystérieux, voire inquiétant... On voit bien la différence entre Dubois et Arlequin, valet de comédie subalterne, un peu balourd, porté sur la bouteille et l'argent.

Les ruses du valet

Dubois n'agit pas en fourbe, mais comme un révélateur du désir amoureux d'Araminte. Il ne fait que provoquer ou accélérer sa

UN HÉROS
Dubois fait à Araminte un portrait de Dorante digne des héros de romans précieux : il « *extravague d'amour* », est « *enchanté* », « *extasié* » ; « *Il a un respect, une adoration, une humilité pour vous* » ; il « *tremble* », « *soupire* » et se « *désespère* ».

UN PERSONNAGE PASSIONNÉ
C'est la passion qui fait accepter à Dorante certaines attitudes inélégantes prévues dans le plan de Dubois : si Dorante joue avec les sentiments de Marton, celle-ci le justifie et le reconnaît comme « *l'homme du monde le plus aimable* » (p. 97).

DUBOIS, PARTISAN DE DORANTE
Il prend à tel point son parti qu'il dit comiquement : « *Il faut qu'elle nous épouse* » (p. 80).
Sa dernière réplique, où il appelle, avec humour, Araminte sa « *Bru* », en fait même un curieux substitut paternel.

DUBOIS, LA FAUSSE VOIX DE LA RAISON
« Monsieur Dorante n'est point digne de Madame. [...] il n'est riche qu'en mérite, et ce n'est pas assez » (p. 67). Dubois s'amuse à souffler à Araminte ses répliques : *« il se déclarera peut-être, et tout de suite je lui dirais : Sortez »* (p. 68).

prise de conscience par différentes épreuves. En passant de la confidence aux deux scènes publiques des portraits et de la lettre finale, il la soumet aux manifestations de l'amour de Dorante, pour *« lui donner l'embarras de voir subitement éclater l'aventure »* (p. 79). En se contentant de plaider le parti de la raison, de l'amour-propre, du bon sens social, il suscite, chez Araminte, la réaction inverse qui va révéler la vérité du personnage.

Un substitut de l'auteur ?

Dubois, personnage omniscient, est capable d'anticiper sur l'issue de l'action (p. 15 : *« je connais l'humeur de ma maîtresse, je sais votre mérite, je sais mes talents, je vous conduis, et on vous aimera »*) ou d'en indiquer les étapes (p. 78 : *« Voici l'affaire dans sa crise »*). Il sait démasquer des propos équivoques, comme la *« compassion »* d'Araminte pour Dorante, ou analyser ses comportements (p. 80 : *« elle triche avec moi »*). Personnage à multiples facettes, il tient, en partie, les rôles de l'auteur, du metteur en scène et du spectateur.

CLAIRVOYANT M. REMY
« [Si Dorante] *était riche, le personnage en vaudrait bien un autre ; il pourrait bien dire qu'il adore »* (p. 94).

IV – Le « clan social »

Les quatre personnages secondaires servent de repoussoir à Dorante : ils représentent la fausseté des valeurs sociales, dont le vernis va se craqueler face à la morale du cœur.

M. Remy, le plus positif, incarne la stabilité bourgeoise fondée sur la raison et l'argent, et il traite Dorante de « fou » quand il refuse les deux mariages d'intérêt proposés par son oncle. Mais il sait aussi le défendre avec verve quand sa valeur intellectuelle et morale est attaquée.

Mme Argante, personnage moliéresque, incarne le type de la femme *« brusque et vaine »* incapable d'évoluer (jusqu'à son dernier mot, elle refuse le mariage d'Araminte avec Dorante). Entichée d'*« élévation »*, elle est prête au mensonge et à la calomnie pour l'union de sa fille avec le Comte dont elle ne voit pas la médiocrité morale. Personnage comique, sans aucun pouvoir, elle se fait remettre à sa place par M. Remy et même par sa fille.

UN COMTE PLUTÔT NÉGATIF
Arrogant, méprisant envers ceux qu'il juge inférieurs (p. 54 : *« ces gens-là ne sont bons à rien »*), le Comte pense que tout peut s'acheter, comme la loyauté de Marton ou le mensonge de Dorante.

Même si **le Comte** est beau joueur à la fin, il reste un personnage négatif qui se situe à l'opposé de Dorante : dépourvu de sensibilité et d'amour, ce n'est que par intérêt qu'il désire épouser Araminte.

Marton, victime de la société comme Dorante, pourrait susciter la sympathie du spectateur, mais elle se révèle cupide et peu loyale envers Araminte. C'est une façon, pour Marivaux, de dédouaner la conduite de Dorante à son égard.

Fiche 6

L'œuvre et son contexte en images

Doc. 1 Affiche pour la mise en scène des *Fausses Confidences* de Marivaux par Didier Bezace (2010)

En bref !

Cette affiche transmet une vision personnelle des enjeux de la pièce de Marivaux.

Marc Daniau (né en 1964) est un illustrateur qui travaille pour la presse, l'édition destinée à la jeunesse et les affiches de spectacle. Cette affiche est le résultat de sa lecture personnelle de l'œuvre mais aussi d'échanges avec le metteur en scène et les comédiens. Marc Daniau centre l'illustration sur le personnage d'Araminte, présentée en costume d'époque conformément à la mise en scène de Didier Bezace. S'avançant à tâtons du fait qu'elle a les yeux bandés, elle est tirée sur une planche par Cupidon. L'illustrateur a su évoquer le monde du théâtre avec ces « planches » en bois brut qui contrastent avec le raffinement propre au théâtre de Marivaux. Araminte, vêtue du rouge de la passion amoureuse, s'élance vers son but, mais sans le voir car elle est encore aveugle sur ses propres sentiments. Si elle domine l'affiche, le vrai maître du jeu est l'Amour qui l'emmène où il veut ; la plateforme en bois peut, d'ailleurs, faire référence à la trappe par laquelle apparaît Dubois, le manipulateur (*cf.* p. 12). La représentation de Cupidon, avec son attirail mythologique (ailes, arc, flèche), ahanant sous l'effort, rend compte de l'humour et de la légèreté qui ont toujours le dernier mot chez Marivaux.

1. Cette affiche vous semble-t-elle correspondre aux intentions du dénouement (*cf.* questionnaire, p. 103) ?

Doc. 2 Mise en scène des *Fausses Confidences* de Marivaux par Luc Bondy (2014)

En bref !

Cette photographie permet d'analyser les choix originaux du metteur en scène.

Luc Bondy (1948-2015), metteur en scène de théâtre et d'opéra, a dirigé le théâtre de l'Odéon de 2012 jusqu'à sa mort et a signé plusieurs mises en scène de pièces de Marivaux.

Nous voyons, ici, sans doute la scène 14 de l'acte I entre Araminte (Isabelle Huppert) et Dubois (Yves Jacques). Luc Bondy a pris le parti de l'anachronisme en situant l'action à l'époque contemporaine, dans l'intérieur d'une riche bourgeoise, comme le souligne, avec humour, la multitude de paires de chaussures. Le décor de Johannes Schütz crée un grand espace scénique labyrinthique, percé de portes et de fenêtres qui se construisent et se déconstruisent au cours du spectacle. Il peut représenter les méandres du cœur d'Araminte, les multiples niches où peuvent se cacher amour, amour-propre et préjugés sociaux.

Le costume de Dubois est celui d'une sorte de majordome, mais son attitude est empreinte de désinvolture. Ses gestes soulignent sa verve, et il semble tenir en haleine une Araminte subjuguée, suspendue aux lèvres de son interlocuteur.

1. Dans cette mise en scène, quelle vision des relations entre les personnages donne la disposition du décor et des comédiens (*cf.* questionnaire, p. 40) ?

Doc. 3 Mise en scène des *Fausses Confidences* de Marivaux par Didier Bezace (2010)

En bref !

Cette photographie illustre le moment de la scène 13 de l'acte II où Araminte met Dorante à l'épreuve.

Didier Bezace (1946-2020), comédien et metteur en scène, a lui-même interprété le rôle de Dubois, en 1993, sous la direction de Christian Rist au Théâtre national de Chaillot, avant de mettre en scène *Les Fausses Confidences* en 2010. Il a choisi de plonger le spectateur dans l'ambiance du XVIIIe siècle avec un intérieur à la fois sobre et raffiné, ouvrant par de grandes baies sur le jardin, et des costumes élégants sans être surchargés.

Les deux personnages, séparés par l'espace étroit du bureau, expriment de façon différente leur malaise. Araminte, assise très droite, observe Dorante d'un air grave. On sent qu'elle est la maîtresse du jeu, tant social qu'amoureux. Le jeune homme porte un costume élégant, montrant qu'il appartient à la même classe sociale qu'Araminte, mais dans des couleurs brunes très sobres, indiquant son statut inférieur. Assis de biais, n'osant pas rapprocher ses jambes de celles d'Araminte, il est en position de faiblesse. Son visage crispé exprime sa souffrance, tout comme le regard un peu peiné d'Araminte.

1. Comment la position, l'attitude et la physionomie des personnages rendent-elles compte des enjeux de cette scène (*cf.* questionnaire, p. 72) ?

Doc. 4 Mise en scène des *Fausses Confidences* de Marivaux par Jean-Pierre Miquel (1996)

En bref !

Cette photographie présente la scène du dénouement.

Jean-Pierre Miquel (1937-2003), acteur, metteur en scène et alors directeur de la Comédie-Française, propose, comme Luc Bondy, une mise en scène anachronique, située dans un passé conventionnel, inspiré des décors et costumes du XIXe siècle ou du début du XXe, dans la haute société. Il s'agit, sans doute, du dénouement où l'attitude des personnages est révélatrice de leur statut dans la pièce : le Comte (Andrzej Seweryn), perdant, quitte la scène « *tristement* » et avec regret ; Mme Argante (Catherine Samie), « *outrée* », fulmine du fait de l'échec de ses manigances, avec des gestes véhéments ; Araminte (Cécile Brune), face au public, droite et la tête levée, affiche « *froidement* » sa résistance en tournant le dos au « clan social » et affirme son amour pour Dorante, indifférente aux vociférations de sa mère.

1. L'apparence et la gestuelle de Mme Argante correspondent-elles à l'idée que vous vous faites du personnage ?

Doc. 5 Jean-Honoré Fragonard, *La Lettre d'amour* (début 1770)

En bref !

Ce tableau illustre le motif de la lettre, si important dans *Les Fausses Confidences*.

L'art de Jean-Honoré Fragonard (1732-1806), élève de Chardin et de Boucher, est marqué par le mouvement, la sensibilité et un érotisme joyeux.

Le tableau représente une jeune femme vêtue et coiffée avec une extrême élégance, assise à son bureau. Elle vient de recevoir un bouquet de roses, traditionnel témoignage d'amour, dans lequel était glissé un billet. Le sourire aux lèvres, elle tourne son regard hors cadre, vers un éventuel intrus, qui se trouve être le spectateur.

Cette œuvre offre une peinture de la haute société de l'époque de Marivaux : un intérieur orné de rideaux et de tentures, un mobilier précieux. On y voit aussi le goût pour l'espace intime, symbolisé par la présence du petit chien de compagnie.

On y retrouve l'atmosphère et les thématiques de la pièce : la jeune femme est manifestement heureuse de cette lettre d'amour, mais veut encore garder le secret, comme le montrent sa position penchée sur la lettre et son regard de surprise. La sensibilité s'exprime par son charme, son visage fin et délicatement fardé, la vivacité de son mouvement et son sourire.

1. Le motif de la lettre est-il traité de la même façon dans le tableau de Fragonard et dans la scène 13 de l'acte II (*cf.* questionnaire, p. 72) ?

2. Quels sont les rôles et la valeur symbolique de la lettre dans le tableau de Fragonard et dans la pièce de Marivaux ?

Doc. 6 Antoine Watteau, *Les Comédiens italiens* (vers 1720)

En bref !

Watteau peint, ici, les personnages types de la comédie italienne, dont certains rappellent ceux de la pièce de Marivaux.

Antoine Watteau (1684-1721) peint, comme Marivaux, des comédies d'amour dans des parcs ou sur la scène des théâtres. Ses personnages montrent une sensibilité frémissante, entre le plaisir amoureux et la nostalgie.

Ce tableau représente les comédiens de la *commedia dell'arte*, tels qu'ils se présentaient au théâtre de la Foire. Sur un fond de décor théâtral bordé par le grand rideau de scène rouge se détachent tous les personnages de la troupe, présentés sans doute par leur chef. Ils sont groupés autour de Pierrot ou Gilles,

amoureux naïf et un peu benêt, toujours éconduit. On reconnaît, au 1er plan, à gauche, le fou ou bouffon avec son costume à grelots et sa marotte ; ou encore, dissimulé à droite, le vieillard de comédie (Pantalon ou Cassandre) toujours bafoué. À la droite de Pierrot (en blanc) apparaît Arlequin avec son masque noir et son costume bariolé à losanges. La jeune première à la gauche de Pierrot, fine et élégante, pourrait tenir le rôle d'Araminte, et la jeune fille à la droite d'Arlequin, séduite par le jeune homme à ses côtés, peut faire penser à la suivante Marton. Pourquoi ne pas imaginer Dubois dans le présentateur et meneur de jeu du 1er plan ?
On voit bien, ici, ce qui a pu séduire Marivaux dans la comédie italienne : le charme et la gaieté des comédiens, l'expressivité des visages et des mouvements, la thématique amoureuse illustrée par le couple sur la partie gauche du tableau.

1. Quels comédiens représentés sur la toile peinte par Antoine Watteau choisiriez-vous pour incarner les différents personnages de la pièce ?

Parcours

Théâtre et stratagème

Thèmes de l'œuvre en lien avec le parcours

Groupement de textes

Conseil d'utilisation

À chaque thème du parcours, nous avons associé une dissertation, que vous retrouverez dans la partie « Objectif Bac » (p. 147). Nos explications, les citations clés et les textes complémentaires que nous vous donnons ici vous aideront à bâtir votre plan et à trouver les arguments et les exemples nécessaires pour répondre au sujet.

Thème I : Le rôle théâtral du stratagème

Parcours de lecture

Voici les extraits que nous vous conseillons de relire pour bien comprendre ce thème :
- **dans *Les Fausses Confidences*** : I, 2 (p. 12) ; I, 4 (p. 19) ; I, 10 (p. 27) ; I, 11 (p. 30) ; I, 14 (p. 33) ; II, 3 et 9 (pp. 51 et 58) ; II, 11 (p. 63) ; II, 13 (p. 68) ; III, 1 (p. 79) ; III, 8 (p. 92) ; III, 9 (p. 95) ;
- **dans le groupement de textes** : textes 1 à 5 (pp. 132 à 140).

Comprendre ce thème

› Le stratagème fait avancer l'action (rôle dramatique)

Au théâtre, les personnages ont, très souvent, recours au stratagème et au mensonge pour servir leurs intérêts (citation 1 et textes 2, 3 et 5).

Ici, il n'y a pas d'actions extérieures : ce sont les « fausses confidences » successives qui font progresser l'histoire en servant de révélateur (*cf.* p. 108).

Dubois tient un rôle particulier : au courant de tout, s'appuyant sur sa profonde connaissance des êtres (citation 1) pour provoquer crises et conflits, il devient une sorte de double de l'auteur. Il manipule quasiment tous les personnages – Araminte, Marton (II, 15), Arlequin (II, 10 ; III, 2) – par ses fausses confidences et ses insinuations (citation 2).

Le stratagème a différents rôles dramatiques :
- obliger à se dévoiler, à avouer ses sentiments (citation 3 et texte 2) ;
- rendre publics des sentiments cachés (*cf.* les scènes des tableaux et l'intervention de Marton qui surprend l'aveu, p. 77, et le texte 1) ;
- mettre les personnages au pied du mur, pour les forcer à faire des choix (II, 11, et III, 8). Les stratagèmes de Dubois poussent Araminte à s'affirmer face à sa mère et au Comte (III, 6 à 8 ; *cf.* aussi le texte 2).

Mais il peut se retourner contre son auteur et créer un renversement : le mensonge de Mme Argante sur le procès braque Araminte contre elle.

› Le stratagème contribue au plaisir du spectateur

Le stratagème crée du suspense (II, 13, et texte 2).

Par le mécanisme de la double énonciation, le spectateur est au courant de tout et en sait plus que les personnages, ce qui lui permet de s'amuser des quiproquos (II, 9 : scène du portrait avec Marton ; texte 3), voire d'être le complice de la ruse d'Araminte (II, 13) ou de celles de Dubois.

Le spectateur prend également plaisir à détecter les mensonges ou la mauvaise foi des personnages (II, 16 : Araminte ment à Dubois).

Le stratagème crée des effets comiques (textes 1 et 3) : le spectateur sourit devant le trouble de Dorante (II, 13) ou de voir Dubois abuser de la naïveté d'Arlequin (III, 3).

> Le stratagème révèle la vérité

Le stratagème révèle la vérité des personnages (textes 1 et 4) : les ruses et mensonges de Dubois visent à faire admettre à Araminte ses sentiments pour Dorante (citation 1). Il dévoile également les travers de certains personnages : la vénalité de Marton, la vanité stupide et méprisante de Mme Argante (III, 8).
Le stratagème révèle les mœurs et les fausses valeurs d'une époque : les prétentions de Mme Argante et du Comte ne reposent que sur des considérations financières et sociales opposées au bonheur sincère et authentique des deux héros.
Mais on peut s'interroger sur son ambiguïté : l'épreuve est parfois cruelle pour les personnages (II, 13, et citation 3). Marton est punie d'avoir cru aux mensonges de Remy et à la duplicité de Dorante (II, 3 et 9 ; III, 10). Et ce dernier se dédouane un peu facilement sur Dubois de toutes ces ambiguïtés (citation 4).
Cf., par ailleurs, le texte 2 où le stratagème se révèle pervers et cruel.

« *Citations clés*

Voici 4 extraits commentés des *Fausses Confidences* qui illustrent le thème étudié et que vous pourrez réutiliser lors des épreuves du Bac.

❶ Dubois : *« je connais l'humeur de ma maîtresse, je sais votre mérite, je sais mes talents »* (p. 15).
Dubois montre sa sagacité et sa connaissance du cœur humain ; les stratagèmes qu'il va mettre en œuvre seront d'ordre psychologique.

❷ Dubois : *« Il est bon de jeter dans tous les esprits les soupçons dont nous avons besoin »* (p. 44).
Les stratagèmes de la pièce reposent, essentiellement, sur la parole, sur le maniement des confidences, des insinuations, et sur des mensonges.

❸ Dubois : *« point de quartier. Il faut l'achever, pendant qu'elle est étourdie »* (p. 80).
On voit l'ambiguïté cruelle du stratagème et le rôle manipulateur de Dubois.

❹ Dorante : *« Dans tout ce qui s'est passé chez vous, il n'y a rien de vrai que ma passion qui est infinie, et que le portrait que j'ai fait. Tous les incidents qui sont arrivés partent de l'industrie d'un domestique »* (p. 101).
Dorante justifie sa conduite par la motivation de l'amour et prend soin de rejeter sur Dubois la responsabilité de ce que les stratagèmes ont pu avoir de condamnable. »

Thème 2 : Amour et stratagème

Parcours de lecture

Voici les extraits que nous vous conseillons de relire pour bien comprendre ce thème :
- **dans *Les Fausses Confidences*** : I, 2 (p. 12) ; I, 14 (p. 33) ; II, 2 (p. 49) ; II, 3 (p. 51) ; II, 12 (p. 65) ; II, 13 (p. 68) ; II, 15 (p. 74) ; III, 7-8 (pp. 91 à 95) ; III, 12 (p. 99) ;
- **dans le groupement de textes** : textes 2 (p. 133), 3 (p. 135) et 4 (p. 136).

Comprendre ce thème

> L'amour entravé

Chez Marivaux, l'amour est souvent entravé par des intérêts matériels et sociaux extérieurs qui obligent à recourir au mensonge et à la ruse (*cf.* texte 2).
L'argent est l'obstacle majeur à l'amour entre Araminte et Dorante (citation 1). Les autres personnages incarnent un faux amour en prônant des mariages guidés par l'intérêt : M. Remy expose crûment le problème à Dorante (I, 3, et II, 2), tandis que le Comte veut épouser Araminte pour régler son procès.
Le rang social est le 2e obstacle pour Dorante qui n'a qu'un statut d'intendant alors qu'Araminte a « *un rang* » (I, 2). Cette fausse valeur est incarnée par Mme Argante qui, par désir d'« *élévation* », veut imposer à sa fille un mariage d'intérêt et n'hésite pas à recourir au mensonge ou à la calomnie.
La pièce montre comment Araminte, aliénée, se libère peu à peu (citation 1) en passant d'une acceptation du poids des convenances et de la famille à une affirmation d'elle-même et de ses sentiments.

> Le stratagème au service de l'amour

Dubois va donc se faire le révélateur de l'amour vrai entre Dorante et Araminte. Ses stratagèmes ne provoquent pas l'amour, mais le font advenir à la conscience malgré les obstacles extérieurs et surtout intérieurs (citation 2).
Dubois sait jouer sur les sentiments d'Araminte :
- il flatte son amour-propre et pique sa curiosité en lui montrant la passion que Dorante éprouve à son égard (I, 14) ;
- il éveille sa jalousie en inventant la « *grande brune très piquante* » ou en jouant sur la rivalité avec Marton qui se croit l'objet de l'amour de Dorante ;
- il suscite sa compassion pour Dorante (III, 9).

Dubois aide à la prise de conscience d'Araminte en faisant tomber ses obstacles intérieurs (citation 1) : il traque sa mauvaise foi (citation 2) et plaide le contre pour lui faire admettre la vérité qu'elle se cache à elle-même et susciter la réaction inverse (I, 14 ; II, 12 ; III, 9 ; p. 121).

Dubois joue un rôle d'accélérateur de l'amour :
– en soumettant sans cesse Araminte, en paroles et en actes, aux preuves d'amour de Dorante et en les rendant de plus en plus publiques (II, 11, et III, 8) ;
– en la mettant au pied du mur pour la forcer à se déclarer (III, 7-8).

> La justification du stratagème par l'amour

Marivaux prend donc bien soin de « moraliser » les stratagèmes de ses héros en les légitimant par la raison supérieure de l'amour (III, 12, et citation 3) ; à l'inverse, il discrédite ceux des opposants, *« offensants »* et inefficaces (III, 8).
L'amour est premier : Dorante est sincèrement amoureux d'Araminte, et celle-ci est immédiatement attirée par lui (I, 6) ; elle prend sa défense (I, 12) avant même les confidences de Dubois. Les manigances du valet vont, en réalité, contrecarrer celles des opposants qui aliènent Araminte et l'empêchent de reconnaître l'ordre naturel du sentiment vrai.
Les stratagèmes n'apparaissent finalement pas comme des ruses ou des mensonges pour *« le plaisir de faire du mal »* (III, 9), mais comme les stimulus d'une prise de conscience et de l'avènement de la vérité (textes 3 et 4).

Parcours

« *Citations clés*

Voici 3 extraits commentés des *Fausses Confidences* qui illustrent le thème étudié et que vous pourrez réutiliser lors des épreuves du Bac.

❶ Dubois : *« Fierté, raison et richesse, il faudra que tout se rende. Quand l'amour parle, il est le maître, et il parlera »* (p. 15).
Dubois souligne que les obstacles à l'amour chez Araminte sont autant intérieurs qu'extérieurs : mais c'est par ses propres sentiments plus que par les stratagèmes du valet qu'elle sera amenée à en prendre conscience.

❷ Dubois : *« Voulez-vous qu'elle soit de bonne humeur avec un homme qu'il faut qu'elle aime en dépit d'elle ? »* (p. 81).
Pour accéder à l'amour vrai, Araminte doit renoncer à une certaine image de soi autant morale que sociale dictée par l'extérieur et qui l'aliène.

❸ Araminte : *« puisque vous m'aimez véritablement, ce que vous avez fait pour gagner mon cœur n'est point blâmable : il est permis à un amant de chercher les moyens de plaire, et on doit lui pardonner lorsqu'il a réussi »* (p. 102).
Araminte tire la leçon morale de la pièce : l'amour véritable justifie l'emploi de ruses et de stratagèmes (contrairement à une manœuvre guidée par l'intérêt).

»

Groupement de textes

Texte 1 **Molière, *Le Tartuffe***

Tartuffe, faux dévot parasite, s'est installé chez Orgon qu'il a subjugué, au point que celui-ci veut lui donner sa fille en mariage. Mais il désire, avant tout, obtenir les faveurs d'Elmire, l'épouse d'Orgon. Outrée, cette dernière décide d'ouvrir les yeux de son mari en lui révélant l'hypocrisie et la bassesse de Tartuffe. Après l'avoir caché sous la table, elle feint de céder aux avances du faux dévot. Nous assistons à la fin de la scène où Elmire tousse pour faire intervenir son époux. Le stratagème comique sert, ici, à révéler la vérité.

TARTUFFE

[...]
Contentez mon désir, et n'ayez point d'effroi :
Je vous réponds de tout, et prends le mal sur moi.
(Elmire tousse plus fort.)
Vous toussez fort, madame.

ELMIRE

Oui, je suis au supplice.

TARTUFFE, *présentant à Elmire un cornet de papier.*

Vous plaît-il un morceau de ce jus de réglisse ?

ELMIRE

C'est un rhume obstiné, sans doute ; et je vois bien
Que tous les jus du monde ici ne feront rien.

TARTUFFE

Cela certes est fâcheux.

ELMIRE

Oui, plus qu'on ne peut dire.

TARTUFFE

Enfin votre scrupule[1] est facile à détruire :
Vous êtes assurée ici d'un plein secret,
Et le mal n'est jamais que dans l'éclat[2] qu'on fait ;
Le scandale du monde[3] est ce qui fait l'offense,
Et ce n'est pas pécher que pécher en silence.

ELMIRE, *après avoir encore toussé et frappé sur la table.*

Enfin je vois qu'il faut se résoudre à céder,
Qu'il faut que je consente à vous tout accorder,
Et qu'à moins de cela je ne dois point prétendre

Qu'on puisse être content[4], et qu'on veuille se rendre[5].
Sans doute il est fâcheux d'en venir jusque-là,
Et c'est bien malgré moi que je franchis cela;
Mais puisque l'on s'obstine à m'y vouloir réduire,
Puisqu'on ne veut point croire à tout ce qu'on peut dire,
Et qu'on veut des témoins qui soient plus convaincants,
Il faut bien s'y résoudre, et contenter les gens.
Si ce consentement porte en soi quelque offense,
Tant pis pour qui me force à cette violence;
La faute assurément n'en doit pas être à moi.

TARTUFFE

Oui, madame, on s'en charge, et la chose de soi…

ELMIRE

Ouvrez un peu la porte, et voyez, je vous prie,
Si mon mari n'est point dans cette galerie[6].

TARTUFFE

Qu'est-il besoin pour lui du soin que vous prenez[7] ?
C'est un homme, entre nous, à mener par le nez;
De tous nos entretiens il est pour faire gloire[8],
Et je l'ai mis au point de voir tout sans rien croire.

Molière, *Le Tartuffe ou l'Imposteur*, extrait de la scène 5 de l'acte IV, 1669.

1. scrupule : hésitation à commettre une action que l'on juge mauvaise. **2. l'éclat** : le bruit, le tapage. **3. Le scandale du monde** : l'indignation publique. **4. content** : satisfait. **5. se rendre** : céder. Elmire joue sur le double sens de *« on »* qui désigne à la fois Tartuffe et son mari. **6. cette galerie** : ce couloir. **7. Qu'est-il besoin pour lui du soin que vous prenez** : pourquoi vous soucier de lui ? **8. il est pour faire gloire** : il est capable de se vanter.

Texte 2 Jean Racine, *Britannicus*

Néron, empereur de Rome, est amoureux de Junie, mais elle est liée d'un amour réciproque avec Britannicus, qui a été évincé du trône par Agrippine, la mère de Néron. Ce dernier veut épouser Junie, qui refuse. L'empereur invente alors un stratagème odieux : soit Junie renvoie elle-même Britannicus, soit il le fait tuer. Néron assistera à la scène, caché. Britannicus se heurte donc à la froideur de Junie. Le stratagème prend, ici, une tournure tragique car, issu de la perversité de Néron, il vise à faire souffrir par le mensonge. Le spectateur ressent de la terreur devant l'aveuglement fatal de Britannicus, qui se révèle, malgré lui, à son ennemi, et de la pitié pour la souffrance injuste infligée aux deux héros.

BRITANNICUS

[…]
Vous ne me dites rien! Quel accueil! Quelle glace!
Est-ce ainsi que vos yeux consolent ma disgrâce?
Parlez : nous sommes seuls. Notre ennemi, trompé,
Tandis que je vous parle, est ailleurs occupé.
Ménageons les moments de cette heureuse absence.

JUNIE

Vous êtes en des lieux tout pleins de sa puissance :
Ces murs mêmes, seigneur, peuvent avoir des yeux;
Et jamais l'empereur n'est absent de ces lieux.

BRITANNICUS

Et depuis quand, madame, êtes-vous si craintive?
Quoi! déjà votre amour souffre qu'on le captive?
Qu'est devenu ce cœur qui me jurait toujours
De faire à Néron même envier nos amours?
Mais bannissez, madame, une inutile crainte :
La foi dans tous les cœurs n'est pas encore éteinte;
Chacun semble des yeux approuver mon courroux;
La mère de Néron se déclare pour nous.
Rome, de sa conduite elle-même offensée…

JUNIE

Ah! seigneur! vous parlez contre votre pensée.
Vous-même vous m'avez avoué mille fois
Que Rome le louait d'une commune voix;
Toujours à sa vertu vous rendiez quelque hommage;
Sans doute la douleur vous dicte ce langage.

BRITANNICUS

Ce discours me surprend, il le faut avouer :
Je ne vous cherchais pas pour l'entendre louer.
Quoi! pour vous confier la douleur qui m'accable,
À peine je dérobe un moment favorable;
Et ce moment si cher, madame, est consumé
À louer l'ennemi dont je suis opprimé!
Qui vous rend à vous-même, en un jour, si contraire?
Quoi! même vos regards ont appris à se taire?
Que vois-je? Vous craignez de rencontrer mes yeux!

Néron vous plairait-il? Vous serais-je odieux?
Oh! si je le croyais… Au nom des dieux, madame,
Éclaircissez le trouble où vous jetez mon âme.
Parlez. Ne suis-je plus dans votre souvenir?

JUNIE

Retirez-vous, seigneur; l'empereur va venir.

Jean Racine, *Britannicus*, extrait de la scène 6 de l'acte II, 1669.

Texte 3 Beaumarchais, *Le Barbier de Séville*

Le comte Almaviva, amoureux de Rosine, veut l'arracher à Bartholo, son vieux tuteur jaloux et méfiant qui a le projet de l'épouser. Aidé, dans ses manœuvres, par son ancien valet Figaro, il arrive à se faire introduire chez Bartholo comme professeur de chant. Le vieillard, qui doit se faire pardonner une scène de jalousie envers Rosine, tient à se montrer indulgent et prévenant avec elle et lui propose donc de prendre une leçon de musique avec le jeune homme. Le stratagème joue sur le ressort théâtral traditionnel de la fausse identité et permet, ainsi, de berner le barbon en favorisant l'amour des deux jeunes héros.

ROSINE, *avec une colère simulée.* Tout ce que vous direz est inutile, monsieur, j'ai pris mon parti; je ne veux plus entendre parler de musique.

BARTHOLO. Écoute donc, mon enfant; c'est le seigneur Alonzo, l'élève et l'ami de don Basile[1], choisi par lui pour être un de nos témoins. – La musique te calmera, je t'assure.

ROSINE. Oh! pour cela, vous pouvez vous en détacher : si je chante ce soir!… Où donc est-il ce maître que vous craignez de renvoyer? Je vais, en deux mots, lui donner son compte, et celui de Basile. *(Elle aperçoit son amant : elle fait un cri.)* Ah!…

BARTHOLO. Qu'avez-vous?

ROSINE, *les deux mains sur son cœur, avec un grand trouble.* Ah! mon Dieu! monsieur… Ah! mon Dieu! monsieur…

BARTHOLO. Elle se trouve encore mal! Seigneur Alonzo!

ROSINE. Non, je ne me trouve pas mal… mais c'est qu'en me tournant… Ah!…

LE COMTE. Le pied vous a tourné, madame?

ROSINE. Ah! oui, le pied m'a tourné. Je me suis fait un mal horrible.

LE COMTE. Je m'en suis bien aperçu.

ROSINE, *regardant le Comte.* Le coup m'a porté au cœur.

Parcours

BARTHOLO. Un siège, un siège. Et pas un fauteuil ici!

(Il va le chercher.)

LE COMTE. Ah! Rosine!

ROSINE. Quelle imprudence!

LE COMTE. J'ai mille choses essentielles à vous dire.

ROSINE. Il ne nous quittera pas.

LE COMTE. Figaro va venir nous aider.

BARTHOLO *apporte un fauteuil.* Tiens, mignonne, assieds-toi. – Il n'y a pas d'apparence[2], bachelier[3], qu'elle prenne de leçon ce soir; ce sera pour un autre jour. Adieu.

ROSINE, *au Comte.* Non, attendez; ma douleur est un peu apaisée. *(À Bartholo.)* Je sens que j'ai eu tort avec vous, monsieur : je veux vous imiter, en réparant sur-le-champ...

BARTHOLO. Oh! le bon petit naturel de femme! Mais après une pareille émotion, mon enfant, je ne souffrirai pas que tu fasses le moindre effort. Adieu, adieu, bachelier.

ROSINE, *au Comte.* Un moment, de grâce! *(À Bartholo.)* Je croirai, monsieur, que vous n'aimez pas à m'obliger[4], si vous m'empêchez de vous prouver mes regrets en prenant ma leçon.

LE COMTE, *à part, à Bartholo.* Ne la contrariez pas, si vous m'en croyez.

BARTHOLO. Voilà qui est fini, mon amoureuse. Je suis si loin de chercher à te déplaire, que je veux rester là tout le temps que tu vas étudier.

ROSINE. Non, monsieur; je sais que la musique n'a nul attrait pour vous.

BARTHOLO. Je t'assure que ce soir elle m'enchantera.

ROSINE, *au Comte, à part.* Je suis au supplice.

Beaumarchais, *Le Barbier de Séville ou la Précaution inutile*,
extrait de la scène 4 de l'acte III, 1775.

1. **Basile :** maître de chant en titre et organisateur du mariage prévu entre Rosine et Bartholo. 2. **Il n'y a pas d'apparence :** il n'est pas possible. 3. **bachelier :** étudiant. 4. **m'obliger :** me faire plaisir.

Texte 4 Edmond Rostand, *Cyrano de Bergerac*

Christian, jeune militaire séduisant, aime Roxane, jeune précieuse qui apprécie le beau langage. Or Christian manque d'éloquence... C'est tout le contraire pour Cyrano, compagnon d'armes affublé d'un nez disgracieux mais maniant l'art de la parole, qui aime également Roxane en secret. Dans cette scène, Christian a réussi à faire venir Roxane à son balcon; désemparé par sa maladresse de langage, il demande à Cyrano de l'aider. Ce dernier prend sa place en profitant

de l'obscurité et parle pour lui. Le stratagème se double, ici, d'émotion puisque Cyrano, par le mensonge de la fausse identité, peut, enfin, exprimer la vérité de son cœur.

CYRANO, *tirant Christian sous le balcon, et se glissant à sa place.*

Chut ! Cela devient trop difficile !

ROXANE

Aujourd'hui…
Vos mots sont hésitants. Pourquoi ?

CYRANO, *parlant à mi-voix, comme Christian.*

C'est qu'il fait nuit :
Dans cette ombre, à tâtons, ils cherchent votre oreille.

ROXANE

Les miens n'éprouvent pas difficulté pareille.

CYRANO

Ils trouvent tout de suite ? Oh ! cela va de soi,
Puisque c'est dans mon cœur, eux, que je les reçoi[1] ;
Or, moi, j'ai le cœur grand, vous, l'oreille petite.
D'ailleurs vos mots, à vous, descendent : ils vont vite !
Les miens montent, Madame : il leur faut plus de temps !

ROXANE

Mais ils montent bien mieux depuis quelques instants.

CYRANO

De cette gymnastique, ils ont pris l'habitude !

ROXANE

Je vous parle, en effet, d'une vraie altitude !

CYRANO

Certe[2], et vous me tueriez si de cette hauteur
Vous me laissiez tomber un mot dur sur le cœur !

ROXANE, *avec un mouvement.*

Je descends !

CYRANO, *vivement.*

Non !

ROXANE, *lui montrant le banc qui est sous le balcon.*

Grimpez sur le banc, alors, vite !

CYRANO, *reculant avec effroi dans la nuit.*

Non !

ROXANE

Comment… non ?

CYRANO, *que l'émotion gagne de plus en plus.*

Laissez un peu que l'on profite…
De cette occasion qui s'offre… de pouvoir
Se parler doucement, sans se voir.

ROXANE

Sans se voir ?

CYRANO

Mais oui, c'est adorable. On se devine à peine.
Vous voyez la noirceur d'un long manteau qui traîne,
J'aperçois la blancheur d'une robe d'été :
Moi je ne suis qu'une ombre, et vous qu'une clarté !
Vous ignorez pour moi ce que sont ces minutes !
Si quelquefois je fus éloquent…

ROXANE

Vous le fûtes !

CYRANO

Mon langage jamais jusqu'ici n'est sorti
De mon vrai cœur…

ROXANE

Pourquoi ?

CYRANO

Parce que… jusqu'ici
Je parlais à travers…

ROXANE

Quoi ?

CYRANO

… le vertige où tremble
Quiconque est sous vos yeux ! Mais ce soir, il me semble…
Que je vais vous parler pour la première fois !

ROXANE

C'est vrai que vous avez une tout autre voix.

CYRANO, *se rapprochant avec fièvre.*

Oui, tout autre, car dans la nuit qui me protège
J'ose être enfin moi-même, et j'ose…

Il s'arrête et, avec égarement.

Où en étais-je ?

Je ne sais… tout ceci, – pardonnez mon émoi,
C'est si délicieux… c'est si nouveau pour moi !

Edmond Rostand, *Cyrano de Bergerac*, extrait de la scène 6 de l'acte III, 1897.

1. reçoi : reçois (rime « pour l'œil »). **2. Certe** : certes.

Texte 5 Jean Giraudoux, *Amphitryon 38*

38e version du mythe antique d'après Giraudoux, la pièce met en scène une Antiquité de fantaisie : Jupiter est tombé amoureux d'Alcmène et veut passer une nuit avec elle. Mais celle-ci aime son mari Amphitryon et lui est absolument fidèle. À l'ouverture de la pièce, le roi des dieux, conseillé par Mercure, le dieu de la Ruse, élabore un plan. Dans la suite de la pièce, le stratagème divin, fondé sur le mensonge, ne fera, paradoxalement, que mettre en valeur la sincérité et la vérité de l'amour humain.

JUPITER. Quel est ton plan ?

MERCURE. Plan humain ou plan divin ?

JUPITER. Et quelle serait la différence ?

MERCURE. Plan divin : l'élever jusqu'à nous, l'étendre sur des nuées, lui laisser reprendre, après quelques instants, lourde d'un héros[1], sa pesanteur.

JUPITER. Je manquerais ainsi le plus beau moment de l'amour d'une femme.

MERCURE. Il y en a plusieurs ? Lequel ?

JUPITER. Le consentement.

MERCURE. Alors prenez le moyen humain : entrez par la porte, passez par le lit, sortez par la fenêtre.

JUPITER. Elle n'aime que son mari.

MERCURE. Empruntez la forme du mari.

JUPITER. Il est toujours là. Il ne bouge plus du palais. Il n'y a pas plus casanier, si ce n'est les tigres, que les conquérants au repos !

MERCURE. Éloignez-le. Il est une recette pour éloigner les conquérants de leur maison.

JUPITER. La guerre ?

MERCURE. Faites déclarer la guerre à Thèbes.

JUPITER. Thèbes est en paix avec tous ses ennemis.

MERCURE. Faites-lui déclarer la guerre par un pays ami… Ce sont des services qui se rendent, entre voisins… Ne vous faites pas d'illusion… Nous sommes des dieux… Devant nous l'aventure humaine se cabre et se stylise. Le sort exige beaucoup plus de nous sur la terre que des hommes… Il nous faut au moins amonceler par milliers les miracles et les prodiges, pour obtenir d'Alcmène la minute que le plus maladroit des amants mortels obtient par des grimaces… Faites surgir un homme d'armes qui annonce la guerre… Lancez aussitôt Amphitryon à la tête de ses armées, prenez sa forme, et prêtez-moi, dès son départ, l'apparence de Sosie[2] pour que j'annonce discrètement à Alcmène qu'Amphitryon feint de partir, mais reviendra passer la nuit au palais… Vous voyez. On nous dérange déjà. Cachons-nous… Non, ne faites pas de nuée spéciale, Jupiter ! Ici-bas nous avons, pour nous rendre invisibles aux créanciers, aux jaloux, même aux soucis, cette grande entreprise démocratique, – la seule réussie, d'ailleurs, – qui s'appelle la nuit.

Jean Giraudoux, *Amphitryon 38*, extrait de la scène 1 de l'acte I, 1929.

1. Jupiter veut concevoir, avec Alcmène, un enfant, qui sera Hercule. **2.** Sosie est le serviteur d'Amphitryon.

Objectif BAC

✔ L'épreuve écrite

☑ L'épreuve orale

L'épreuve écrite

Commentaire de texte

LA MÉTHODE DU COMMENTAIRE

Le commentaire a pour but de présenter, de manière organisée, ce que l'on a retenu d'une lecture et de justifier, par des analyses précises, une interprétation cohérente et personnelle.

› Lire le texte et faire un brouillon

- Posez-vous des questions : Quel thème est traité ? Quelles sont les intentions de l'auteur ? Quelles émotions ai-je ressenties ? Quelles connaissances (contexte, parcours...) dois-je mobiliser ?
- Notez vos impressions de lecture et soulignez les figures de style.

› Bâtir son plan

- Le commentaire ne suit pas l'ordre du texte mais propose une analyse construite, centrée sur 2 ou 3 enjeux (les axes d'étude) importants. Il répond à une problématique qui cherche à expliquer les intentions de l'auteur : « En quoi ce texte est-il... ? »
- 2 méthodes sont généralement proposées, et sans doute la démarche la plus efficace se situe-t-elle à mi-chemin :

  › Méthode 1 : lisez ligne à ligne le texte et notez, au fil de votre lecture linéaire, tout ce que vous observez et comprenez. Puis regroupez ces notes autour de 2 ou 3 axes de lecture (idées principales) qui constitueront les grandes parties de votre plan.

  › Méthode 2 : lisez plusieurs fois le texte et notez vos impressions d'ensemble. Posez 2 ou 3 définitions du texte (« Ce texte, c'est... ») qui pourront être les axes de votre étude. Puis recherchez, dans le texte, tout ce qui peut nourrir ces axes.
- Un plan en 2 parties équilibrées est souvent préférable à une progression artificielle en 3 axes.
- Au brouillon, écrivez les titres de vos parties sous la forme d'une phrase avec un verbe : cela vous obligera à cerner clairement ce que vous voulez montrer.
- Ne séparez jamais le fond et la forme. Si vous identifiez une figure de style, expliquez pourquoi l'auteur l'a utilisée.
- Et, pour éviter de paraphraser le texte, commentez vos citations.

› Rédiger l'introduction et la conclusion

Les 3 étapes de l'introduction

❶ Introduisez le texte en le plaçant dans un contexte plus large. Citez le titre de l'œuvre (en le soulignant), le nom de l'auteur et la date. Ne commencez pas votre introduction par « Ce texte... », car le déterminant démonstratif ne renvoie à rien qui précède.

❷ Présentez le texte et ses enjeux : son genre, sa tonalité, son thème, ce qui s'y passe, les intentions de l'auteur... Ne résumez pas l'extrait mais exposez la problématique de votre étude, c'est-à-dire la question à laquelle votre plan se propose de répondre.

❸ Annoncez clairement les grandes parties de votre plan.

Les 2 étapes de la conclusion

❶ Dressez un rapide bilan de votre analyse sans apporter de nouvelles idées.

❷ Placez l'extrait dans une perspective plus large (genre, mouvement littéraire, auteur...).

COMMENTAIRES CORRIGÉS

SUJET DE COMMENTAIRE 1

Faites le commentaire de l'extrait du *Tartuffe* de Molière (texte 1, p. 132)

TRAVAIL PRÉPARATOIRE

Au brouillon

- *Montrez comment Elmire s'adresse à la fois à Tartuffe et à Orgon avec un langage à double sens ; étudiez les reproches qu'elle fait à son mari.*
- *Étudiez la façon dont Tartuffe veut convaincre Elmire de céder à ses avances, le lexique et les arguments qu'il utilise.*
- *Montrez en quoi cette scène est comique pour le spectateur.*

CORRIGÉ : PLAN DÉTAILLÉ

Introduction rédigée

Au théâtre, le stratagème est fréquemment utilisé pour dévoiler une vérité cachée, comme on le voit dans *Le Tartuffe* de Molière. Le héros, faux dévot hypocrite, s'est installé chez Orgon qu'il manipule et cherche même à obtenir les faveurs d'Elmire, l'épouse d'Orgon. Celle-ci utilise un stratagème pour ouvrir les yeux de son mari : après l'avoir dissimulé sous la table, elle feint d'accepter les avances du faux dévot. Nous verrons donc comment cette scène permet à Elmire, par un langage à double sens, de duper Tartuffe et de régler ses comptes avec son mari, tout en révélant la vraie nature de l'hypocrite.

I. Le stratagème d'Elmire

Elmire veut dévoiler à Orgon le vrai visage de Tartuffe mais aussi l'aveuglement dans lequel il se trouve.

A. Elmire à Tartuffe

• Elle joue le rôle de la femme contrainte de céder aux avances : verbes d'obligation *(« il faut », « je* [...] *dois »)* ; champ lexical de la « contrainte » *(« malgré moi », « m'y vouloir réduire »...)*.
• En montrant qu'elle cède à une volonté extérieure (*« vous »* au début, puis *« on »*), elle se dédouane du point de vue moral (*cf.* la rime *« offense »*/*« violence »* et le v. 25).

B. Elmire à Orgon

• Beaucoup de termes sont à double sens, destinés à abuser Tartuffe et à faire sortir Orgon de son aveuglement :
– double sens comique du *« rhume »* : c'est Orgon qui est *« obstiné »* ;
– double emploi des pronoms personnels : le seul *« vous »* adressé à Tartuffe (v. 14) est, ensuite, remplacé par l'indéfini *« on »*, puis *« les gens »*, puis le relatif *« qui »*, pour désigner à la fois Tartuffe et Orgon.

• La contrainte qu'Elmire subit est, en fait, celle exercée par Orgon qui refuse de se rendre à l'évidence (v. 15-16 et 20-21). Elle accuse son mari en soulignant l'aggravation de la situation (v. 16-17).
• Sa colère s'intensifie (*« fâcheux », « offense », « violence », « faute »*) ; son discours se fait de plus en plus argumentatif et accusateur, avec la répétition de *« puisque »*. L'obstination d'Orgon est moralement condamnable (v. 25).

C. Le plaisir du spectateur
• Le spectateur, complice d'Elmire, s'amuse des doubles sens un peu grivois : l'adjectif *« content »*, les *« témoins plus convaincants »* réclamés par Tartuffe.
• Il prend plaisir à voir le mari borné amené par sa propre obstination à entendre ses quatre vérités !

II. L'hypocrite au naturel
Molière révèle, ici, le vrai visage de Tartuffe qui se croit en sécurité et parle, désormais, sans masque.

A. Tartuffe énonce les principes de l'hypocrite
• Tartuffe aligne 3 vers en forme de maxime (v. 10-12) qui le dévoilent entièrement. Le seul critère de son action est de rester invisible aux yeux de la société : *cf.* les champs lexicaux opposés du « secret » et du « scandale » (*« plein secret », « en silence » ≠ « scandale », « éclat »*).
• Tartuffe emploie un vocabulaire moral et religieux : *« mal », « scrupule », « pécher », « offense »*. Mais il le désamorce en n'en faisant aucun cas (v. 12) et se forge sa propre morale – d'où les vers en forme de maximes morales inversées. Le scrupule est d'autant plus facile à détruire pour lui qu'il n'en a aucun !
• Tartuffe se pose donc en seul juge du caractère moral ou non de son action, et dévoie la doctrine du « sacrifice chrétien » (v. 2).

B. Tartuffe dupe Orgon
• Tartuffe révèle également son mépris pour Orgon qu'il estime être un homme stupide (v. 30) ou une quantité négligeable (v. 29; *cf.* la tournure interrogative qui semble nier l'existence d'Orgon).
• Vers 32 : Tartuffe souligne son rôle de manipulateur par la formule *« je l'ai mis au point »*.

C. Le dupeur dupé
• Tartuffe s'enferre par son ignorance du témoin caché et fait rire par son erreur comique sur la toux d'Elmire et sa réplique décalée (v. 4). Il est puni par sa propre concupiscence et son assurance démesurée.
• Il trouve une adversaire plus forte que lui et qui sait pareillement manipuler et manier le discours hypocrite.

Conclusion rédigée
Dans cette scène, le stratagème est utilisé dans un but à la fois dramaturgique et moral : en révélant la vérité sur l'hypocrite, il conduit au dénouement et permet également de punir la bassesse morale de l'un et l'aveuglement stupide de l'autre. Le spectateur peut se réjouir sans scrupule de la manœuvre d'Elmire et de son habileté à manier les doubles sens, car il sait que c'est pour la victoire de la morale et le bien de la société.

SUJET DE COMMENTAIRE 2

Faites le commentaire de l'extrait de *Britannicus* de Jean Racine (texte 2, p. 133).

TRAVAIL PRÉPARATOIRE

Au brouillon

- *Faites attention à la situation particulière des personnages : Britannicus ne sait rien du piège ; Junie sait que Néron entend tout.*
- *Il s'agit d'une tragédie : repérez les éléments tragiques de ce passage (dilemme, aveuglement, ironie tragique, souffrance, impuissance...).*
- *Analysez les effets et émotions produits sur le spectateur, en particulier les deux caractéristiques de la tragédie : terreur et pitié.*

CORRIGÉ : PLAN DÉTAILLÉ

Introduction rédigée

Le stratagème n'est pas le propre des comédies. Il peut également être utilisé de façon cruelle dans la tragédie. C'est ce que nous pouvons voir dans la scène 6 de l'acte II de *Britannicus* de Jean Racine : Néron, amoureux de Junie, exige de celle-ci, sous peine de causer la mort de Britannicus, de signifier elle-même à son amant son renvoi, tandis que Néron assistera à la scène, caché. Nous verrons donc comment chacun des personnages, victime ou bourreau, est pris dans un piège tragique.

I. Britannicus est pris au piège

- Croyant aller à un rendez-vous amoureux organisé par Narcisse, Britannicus se heurte à la «*glace*» et au silence incompréhensible de Junie (v. 33-35). Son désarroi est marqué par les questions, les exclamations et les interjections, le rythme disloqué des alexandrins à la fin.
- Il rappelle le bonheur passé, inexplicablement disparu (v. 2 et 25), et souligne tout ce qu'il attendait de cet entretien (v. 5 et 26-27).
- Il est fautif car il se fie aux apparences et se laisse emporter par son imagination (il va jusqu'à envisager, avec le conditionnel du vers 32, que Junie aime Néron) ; il se défie d'elle plutôt que de croire à sa fidélité (v. 30).
- Il se met lui-même en danger sans le savoir : ironie tragique des vers 3-5, mots imprudents sur le plan politique (v. 14-17) et sur le plan amoureux (v. 11-12), emploi du terme «*ennemi*» et du pronom «*nous*».

II. Junie est prise au piège

• La souffrance de Junie est plus cruelle encore puisqu'elle est écartelée par un dilemme mortel : perdre son amant ou perdre son amour.

• Elle tente de faire comprendre à Britannicus la présence invisible de Néron (v. 6-7 : *« sa puissance »*, *« des yeux »*), de l'interrompre ou de lui prêter des paroles qu'il n'a pas prononcées (v. 19-22). Elle laisse même Britannicus penser qu'elle est en train de louer celui qui la fait souffrir (v. 24 et 28).

• Le piège l'oblige tragiquement à faire souffrir Britannicus en lui refusant parole et regards (v. 30-31). Elle se laisse accuser de duplicité sans pouvoir le démentir, contrainte de donner une fausse image d'elle-même (*cf.* v. 36 : formule en chiasme où Britannicus doit céder la place à Néron).

III. Des voyeurs : Néron et le spectateur

A. Néron est à la fois bourreau et victime

• Néron éprouve un plaisir sadique de voir Britannicus humilié, de transformer son entretien amoureux en supplice (v. 27-28) et de l'entendre imaginer que Junie l'aime (v. 32).

• Néron affirme sa domination sur Junie : il l'oblige à le craindre, à parler de lui (à noter, d'ailleurs, qu'elle ne dit jamais « Néron » mais *« l'empereur »*, nous signifiant, ainsi, qu'elle maintient de la distance avec lui et se place sur un plan politique mais jamais amoureux).

• Mais le sort de Néron est également tragique puisqu'il est amené, par son propre stratagème, à entendre la révélation d'un amour réciproque qui l'exclut (v. 12) et la haine qu'il suscite (v. 16-17).

• Néron se heurte à sa propre impuissance en écoutant le discours mensonger de Junie : il sait qu'il ne pourra pas la forcer à l'aimer.

B. Le spectateur éprouve terreur et pitié

• Le spectateur se retrouve, comme Néron, témoin caché d'un spectacle pervers et peut se sentir mal à l'aise d'en être, malgré lui, le complice.

• Il éprouve de la pitié pour Junie, obligée de renier son amour et de faire souffrir son amant pour tenter de le sauver, et pour Britannicus, qui croit trop facilement aux apparences et se défie de Junie.

• Il éprouve de la terreur en écoutant les paroles de Britannicus qui vont exacerber la colère et la jalousie de Néron et provoquer ainsi, malgré les efforts de Junie, sa mort prochaine.

Conclusion rédigée

Cette mise en scène d'un stratagème sadique met particulièrement en valeur la cruauté du tragique racinien où les personnages, bourreaux ou victimes, font souvent leur propre malheur et où les passions ne trouvent leur assouvissement que dans la souffrance et la destruction. Le stratagème, ici, fait advenir la vérité, mais celle-ci, loin de rétablir l'ordre, ne fait que précipiter Néron sur la voie du meurtre.

L'épreuve écrite

Dissertation

LA MÉTHODE DE LA DISSERTATION

La dissertation consiste à répondre, de manière argumentée, à une question qui porte sur une œuvre au programme et son parcours associé.

› Au brouillon : analyser la question et chercher des arguments

- Notez toutes les idées qui vous viennent en rapport avec la question posée.
- Notez des citations et des références tirées de l'œuvre et du parcours associé, qui illustrent et justifient vos idées.
- Élaborez un plan (parties et sous-parties) organisant vos idées les plus pertinentes.

› Bâtir un plan

Le plan à adopter dépend de la question posée.

Le plan dialectique

- Ce plan s'impose lorsque la question suggère les réponses « Oui » ou « Non » (interrogation totale).
- Dans une 1re partie (thèse), vous donnez des arguments qui vont dans le sens du sujet. Dans une 2e partie (antithèse), vous nuancez ou montrez les limites des arguments de la 1re partie.
- Dans l'idéal, une 3e partie (synthèse) dépasse la contradiction entre la thèse et l'antithèse, mais méfiez-vous du hors-sujet ou de la répétition.

Le plan analytique

- Ce plan s'impose lorsque la question commence par un mot interrogatif *(En quoi, Pourquoi...)* et induit une infinité de réponses (interrogation partielle).
- Il consiste à répondre en classant ses idées par thèmes ou par grands domaines d'idées.

› Rédiger la dissertation

Les 3 étapes de l'introduction

❶ Amenez le sujet en partant de l'œuvre que vous présenterez brièvement.

❷ Formulez la question posée en présentant ses principaux enjeux. Si le sujet contient une citation, vous devez la reproduire dans son intégralité.

❸ Annoncez les grandes parties de votre plan.

Le développement

- La dissertation se divise en 2 ou 3 parties (composées chacune d'une ou deux phrases d'ouverture, de 2 ou 3 sous-parties) et d'une conclusion.
- Chaque sous-partie développe un argument s'appuyant toujours sur des éléments et des citations de l'œuvre et du parcours associé.

Les 2 étapes de la conclusion

❶ Rappelez la problématique (la question que vous vous êtes posée) énoncée dans l'introduction et votre réponse à celle-ci.

❷ Une ouverture vers une perspective plus large est toujours la bienvenue. Mais il est préférable de ne pas en proposer plutôt que de risquer un hors-sujet.

DISSERTATIONS CORRIGÉES

SUJET DE DISSERTATION 1

Le stratagème au théâtre a-t-il pour unique but de tromper ?

VOIR THÈME 1, P. 128.

Vous répondrez à cette question dans un développement organisé. Votre réflexion prendra appui sur l'œuvre de Marivaux au programme, sur le travail mené dans le cadre du parcours associé et sur votre culture littéraire.

TRAVAIL PRÉPARATOIRE

Au brouillon

- *Appuyez-vous sur les extraits étudiés, les citations apprises et les textes du parcours associé.*
- *La question demande un plan dialectique : vous devez, d'abord, relever les stratagèmes qui ont pour but de tromper, puis montrer que ce n'est pas leur unique objectif et qu'ils peuvent servir d'autres intérêts – en particulier, chez Marivaux, celui de révéler la vérité.*

CORRIGÉ : PLAN DÉTAILLÉ

Introduction rédigée

Le stratagème, fréquemment utilisé au théâtre, vise souvent à tromper, mais on peut se demander s'il s'agit de son unique objectif. En nous appuyant sur *Les Fausses Confidences* de Marivaux, où il joue un rôle essentiel, ainsi que sur les textes du parcours associé, nous verrons que, si le stratagème a souvent pour but de tromper, il sert également les intérêts des personnages et, en dernier ressort, contribue à révéler la vérité.

I. Différents stratagèmes théâtraux permettent de tromper

A. La dissimulation

- Dubois et Dorante dissimulent leurs intentions et les liens qui les unissent pour manipuler les autres personnages.
- La fausse identité est couramment employée pour se dissimuler. Dans *Les Fausses Confidences*, l'identité de Dorante en tant qu'intendant est un leurre pour masquer ses intentions amoureuses. De même, le Comte (texte 3, p. 135), Cyrano (texte 4, p. 136) et Jupiter (texte 5, p. 139) se cachent sous une fausse identité pour servir des objectifs amoureux.
- Les différents espaces théâtraux – coulisses, 3e lieu (lieu caché sur la scène) – peuvent servir de cachette (textes 1, p. 132, 2, p. 133, et 4, p. 136).

B. Le mensonge
• C'est ce stratagème que privilégie Marivaux dans *Les Fausses Confidences*, comme le souligne le titre même de la pièce où tous les personnages mentent.
• Ce stratagème est souvent utilisé au théâtre, comme le prouvent les extraits du parcours associé.

II. Le stratagème sert différents intérêts
Le stratagème n'est, la plupart du temps, qu'un moyen au service d'intérêts supérieurs pour les personnages.

A. Franchir les obstacles opposés à l'amour
• Le stratagème permet à l'amoureux de déjouer une surveillance (textes 3, p. 135, et 5, p. 139) ou lui fournit des moyens pour atteindre sa belle (Dubois pour Dorante ; texte 4, p. 136).
• Les ruses de Dubois aident Dorante à franchir les obstacles sociaux (la pauvreté et le statut d'intendant), mais surtout psychologiques chez Araminte (citation 1, pp. 129 et 131).

B. Rétablir une forme de justice et de morale
• Dans ce cadre, le stratagème conserve un caractère moral, car il est utilisé pour établir une relation amoureuse réciproque (*cf.* le texte 3 où le héros se heurte à l'autorité brutale de Bartholo et le texte 4 où il pallie le défaut de parole de Christian) ou pour duper un dupeur pervers (texte 1, p. 132).
• Les carcans sociaux et les prétentions de Mme Argante et du Comte aliènent les sentiments d'Araminte. Les stratagèmes de Dubois vont libérer l'expression de son vrai désir et sont finalement légitimés par l'héroïne (citation 3, p. 131).

C. Établir un rapport de force
• Les stratagèmes de Dubois servent donc à lutter contre les forces opposées à l'amour (citation 2, p. 129) : cela peut s'accompagner d'une certaine cruauté (citation 3, p. 129 ; Marton, victime collatérale des plans de Dubois).
• Le stratagème est le seul moyen, pour Elmire, de sauver sa famille de l'emprise de Tartuffe (texte 1, p. 132).
• Mais, dans le texte 2 (p. 133), il sert la volonté de domination perverse de Néron.

III. Le stratagème fait advenir la vérité, pour le plaisir du spectateur
Plus largement, on constate que le stratagème est, souvent, au service de la vérité.

A. Tromper pour détromper
• Les stratagèmes de Dubois révèlent les fausses valeurs et les projets intéressés de certains personnages.
• Elmire veut ouvrir les yeux de son mari abusé par Tartuffe (texte 1, p. 132).

B. Révéler la vérité des sentiments (cf. aussi « Thème 2 »)
• Le stratagème sert de révélateur à l'amour d'Araminte qui naît avant même l'intervention de Dubois (*cf.* texte 4, p. 136 : sous une fausse identité, Cyrano peut laisser parler son cœur).

• Dans le texte 2 (p. 133), le stratagème dépasse les intentions de Néron et lui révèle, malgré lui, des vérités cruelles (la haine générale dont il est l'objet et la force de l'amour des deux jeunes héros).

C. Susciter émotion et plaisir chez le spectateur

Face à la révélation de la vérité par un stratagème, le spectateur peut ressentir différentes émotions :

– une complicité amusée avec son instigateur quand il sert la bonne cause (citation 3, p. 131 ; textes 1, p. 132, et 3, p. 135) ;

– le plaisir du triomphe de la vérité et des héros positifs (citations 1 et 3, p. 131 ; texte 3, p. 135), ainsi que de la déconfiture des « méchants » (texte 1, p. 132) ;

– l'émotion tragique du piège qui se referme sur les héros (texte 2, p. 133).

Conclusion rédigée

Le stratagème a donc d'autres visées que la simple tromperie, qui relèverait plutôt du genre de la farce. Agent dramatique efficace, il entretient une tension entre l'apparence et l'être, entre le faux et le vrai, qui sont les ressorts mêmes du théâtre. S'il fait, généralement, rire le spectateur, il peut également faire réfléchir sur sa légitimité et interroger sur la vérité de l'être.

SUJET DE DISSERTATION 2

Dans la scène 2 de l'acte I des *Fausses Confidences* de Marivaux, Dubois déclare : *« L'amour et moi, nous ferons le reste. »* Cette réplique vous paraît-elle rendre compte de l'intrigue et des enjeux de la pièce ?

VOIR THÈME 2, P. 130.

Vous répondrez à cette question dans un développement organisé. Votre réflexion prendra appui sur l'œuvre de Marivaux au programme, sur le travail mené dans le cadre du parcours associé et sur votre culture littéraire.

TRAVAIL PRÉPARATOIRE

Au brouillon

• Appuyez-vous sur les extraits étudiés, les citations apprises et les textes du parcours associé.

• Le sujet dialectique demande d'aller dans le sens de la citation et de montrer comment Dubois est un meneur de jeu au service de l'amour.

• Puis il faut nuancer la citation en montrant qu'elle ne rend pas compte de toute l'intrigue, puisque celle-ci avance aussi par des éléments qui ne dépendent pas de Dubois.

• Enfin, une 3e partie exposera qu'un des enjeux de la pièce est également de montrer que l'amour est premier et se développe au-delà du rôle de Dubois.

CORRIGÉ : PLAN DÉTAILLÉ

Introduction rédigée

Dans *Les Fausses Confidences*, créées en 1737, Marivaux donne une place inhabituelle à un valet. En effet, Dubois tient un rôle central dans la pièce en aidant, de façon désintéressée, son ancien maître Dorante à obtenir, malgré son manque de fortune, la main de la riche veuve Araminte, dont il est amoureux. D'ailleurs, Dubois proclame lui-même, dès la scène 2 : *« L'amour et moi, nous ferons le reste. »* Nous pouvons nous demander si cette réplique rend compte de l'intrigue et des enjeux de la pièce. Nous verrons que, si Dubois, par ses stratagèmes, apparaît comme le metteur en scène de l'amour, il n'est pas le seul moteur de ce sentiment qui se manifeste également par d'autres moyens et se révèle au plus profond des personnages.

I. Dubois mène le jeu

Dès la scène 2 de l'acte I, Dubois se pose en meneur de jeu et expose son plan : faire en sorte que Dorante épouse Araminte malgré le décalage de fortune.

A. Un porte-parole de l'amour

Dubois révèle à Araminte l'amour de Dorante (I, 14) et lui peint son désespoir (III, 9).

B. Dubois provoque et accélère l'amour par ses stratagèmes et ses paroles…

• Il joue sur les sentiments d'Araminte : amour-propre, curiosité, jalousie, pitié, compassion et même colère contre lui (III, 9).

• Il accélère l'acceptation de l'amour chez Araminte en suscitant sa prise de conscience et en la poussant dans ses retranchements pour qu'elle fasse des choix (citation 2, p. 131).

II. … mais l'intrigue se construit également par d'autres moyens

A. Par Araminte elle-même

• Son désir d'indépendance et sa volonté d'être maîtresse chez elle la conduisent à privilégier son désir pour Dorante.

• Elle conçoit du plaisir à être adorée et peut-être même à dominer l'autre : c'est elle qui invente le stratagème de la fausse lettre au Comte.

B. Par le hasard qui ne doit rien à Dubois

• Le plan de M. Remy qui veut marier Marton et Dorante (II, 8).

• L'autre plan de M. Remy (II, 2) qui offre à Dorante l'occasion de montrer son amour désintéressé pour Araminte, en refusant, pour elle, un mariage avantageux.

C. Par les erreurs du clan adverse

• Les mensonges de Mme Argante à propos du procès soulignent l'honnêteté de Dorante.

• Devant les abus d'autorité de sa mère, Araminte affirme, de plus en plus, son désir de garder Dorante, en n'essayant même plus de trouver des raisons (III, 6, et III, 8).

• Le Comte aussi montre trop vivement sa jalousie et indispose Araminte (II, 9).

III. La révélation amoureuse est le moteur de la pièce

Marivaux prend soin de souligner que l'amour est premier et que Dubois n'est que son adjuvant (*cf.* l'ordre des mots dans la citation *« L'amour et moi »*).

A. La force du sentiment

- Araminte est, d'emblée, attirée par Dorante (I, 6), puis ébranlée par la confidence de Dubois (I, 15).
- À partir de là, elle est de plus en plus gagnée par l'émotion, comme le soulignent les apartés (I, 15 ; II, 2 et 15...). Lors de la scène de la lettre au Comte, Araminte souffre autant que Dorante (II, 13).
- C'est bien par ses propres qualités (honnêteté, respect, constance, sincérité, désintéressement) que Dorante va émouvoir, puis séduire Araminte.
- La preuve, c'est que cet amour résiste même à l'aveu du stratagème (citation 3, p. 131).

B. La spontanéité de l'amour

- L'aveu d'Araminte a lieu alors que les deux amants sont seuls et n'obéissent à aucun plan préconçu.
- Il intervient « naïvement », sans préméditation : il est le résultat d'un sentiment plus profond que la raison ou l'intérêt social, qui se manifeste spontanément (citation 1, p. 131).

Conclusion rédigée

Nous avons vu que, dans *Les Fausses Confidences*, l'amour se révèle premier et le stratagème ne fait que l'aider à éclore. Comme de nombreux auteurs de son siècle, Marivaux affirme la primauté du sentiment et de la liberté du désir sur les carcans moraux et sociaux, ainsi qu'on peut le voir dans *Le Barbier de Séville* de Beaumarchais (texte 3, p. 135).

L'épreuve orale

LA MÉTHODE DE L'ÉPREUVE ORALE

❶ Première partie portant sur un des textes du descriptif (12 pts)

L'extrait doit avoir comme longueur l'équivalent d'une vingtaine de lignes de prose : c'est l'examinateur qui sélectionne le passage en cas de texte plus long. Vous devez donc adapter votre explication à l'extrait sélectionné, mais vous pouvez faire de brèves allusions au reste du texte.

Introduction et lecture à voix haute (2 pts – 2 min)

- L'introduction doit être brève : présentation de l'œuvre en 1 phrase, situation du texte dans l'œuvre (s'il est extrait d'une œuvre intégrale) ou dans le parcours, thématique et caractéristique générale du texte.
- La lecture, très importante, constitue la majorité des 2 points. Elle doit être pertinente et expressive. En poésie, elle doit respecter les règles de diction (nombre de syllabes dans les vers, règle du *e* muet…).

Explication linéaire (8 pts – 8 min)

- Ne vous perdez pas dans un catalogue de remarques sans lien entre elles. Faites ressortir l'essentiel du sens du texte et de ses enjeux : à quoi « sert-il » dans l'œuvre ? Quels effets l'auteur veut-il provoquer chez le lecteur/spectateur ?
- Présentez la forme générale du texte, sa place stratégique dans l'œuvre, les personnages en présence…
- Commentez le mouvement du texte, sa progression, soit avant de commencer l'explication de détail, soit au fur et à mesure.
- N'oubliez pas de commenter le titre d'un poème (ou de tout autre type d'extrait).
- Votre explication doit s'appuyer sur des ensembles signifiants (phrase, paragraphe, strophe, réplique) dans lesquels vous dégagerez 1 ou 2 points de commentaire qui vous paraissent essentiels. L'étude du début du texte, très importante, permet de poser des jalons pour l'ensemble en montrant comment s'y met(tent) en œuvre la (ou les) tonalité(s) dominante(s), la thématique…
- La fin d'un texte est aussi un moment stratégique : montrez en quoi ce moment est l'aboutissement de ce texte ou du passage concerné, sur quelle impression il laisse le lecteur ou, s'il s'agit d'un extrait, ce qu'il laisse présager.
- Terminez votre explication par une courte conclusion qui reprend les enjeux du texte et en souligne l'importance et l'originalité.

Question de grammaire (2 pts)

Elle porte sur une courte phrase ou une partie de phrase du texte. L'examinateur peut vous demander d'identifier des formes grammaticales correspondant au programme (2nde et 1re) ou de transformer la phrase en modifiant, remplaçant ou supprimant certaines structures.

❷ Seconde partie : entretien sur une œuvre choisie (8 pts)

Cette 2nde partie (8 min), contrairement à la 1re, repose essentiellement sur un dialogue avec l'examinateur autour de l'œuvre intégrale que vous avez choisi de présenter.

Présentation de l'œuvre
- Dans un 1er temps, l'examinateur vous invite à présenter l'œuvre que vous avez choisie. Résumez-la brièvement et exposez ses enjeux.
- Expliquez pourquoi vous avez choisi cette œuvre et rendez compte de votre parcours de lecteur(trice) : difficultés éventuelles, découvertes, impressions de lecture...
- Cette présentation ne doit pas dépasser 3 min.

Dialogue avec l'examinateur
- L'examinateur vous questionne ensuite afin d'évaluer vos capacités à dialoguer, à nuancer et à étoffer votre réflexion, à défendre votre point de vue sur la base de la connaissance de l'œuvre.
- Les questions ne portent pas sur une étude du texte mais sur vos propres jugements et impressions que vous devez toujours justifier.

EXEMPLE DE PRÉSENTATION À L'ORAL

❶ Première partie de l'épreuve

Texte étudié : Le plan de Dubois (l. 32 à 75, pp. 14-15)

Introduction

La comédie de Marivaux *Les Fausses Confidences*, créée en 1737, est dominée par le personnage de Dubois, avec lequel l'auteur invente un valet hors du commun. Celui-ci va aider son ancien maître Dorante, jeune homme de bonne famille mais ruiné, à conquérir l'amour de la riche Araminte dont il est éperdument amoureux. Après une très brève scène comique, la scène 2 entre Dubois et Dorante sert d'exposition : elle permet de camper deux personnages au tempérament bien différent et d'expliquer les enjeux de la pièce et les projets de Dubois.

Lecture à haute voix

Voir page 16.

Explication linéaire

- Le texte suit un mouvement en deux étapes :
  › Le premier échange entre Dorante et Dubois expose la situation en soulignant l'opposition des deux tempéraments, entre l'inquiétude de l'un et l'assurance de l'autre.
  › Puis Dubois monopolise quasiment la parole pour présenter son plan.

- Dorante commence par soulever l'obstacle majeur à son projet de mariage avec Araminte : sa situation sociale conditionnée par l'argent et le rang (*cf.* le champ lexical : *« rang », « grande charge dans les finances », « rien », « bien »*).

Il apparaît défaitiste et découragé *(«je n'attends rien», «honte»)*. Il remet en question tout ce que suggère Dubois : opposition, interrogation *(«tu crois que»)*, exclamation *(«Quelle chimère!»)*, constat fondé sur la réalité *(«Elle a plus de cinquante mille livres de rente»)*.
Mais, dans sa 2e réplique, Dubois lui oppose ce qu'il considère comme le principal atout de Dorante : sa *«bonne mine»*, qu'il présente comme un équivalent de la fortune en utilisant le jeu de mots sur *«mine»* et *«Pérou»* et le vocabulaire financier *(«vaut», «affaire»)*. Par son apparence avantageuse, Dorante devient un *«grand seigneur»*.
Dubois montre son assurance en reprenant les paroles de Dorante pour les contrer *(«point de bien.» / «Point de bien!»)* ou en les traitant par l'ironie qui annule l'objection *(«Ah! vous en avez bien soixante pour le moins»)*. Il expose déjà le résultat de son plan au présent *(«je vous vois déjà» / «Vous êtes actuellement»)*, ce qui montre bien que ce n'est pas une *«chimère»*. Il utilise des phrases péremptoires : exclamations, répétition *(«infaillible, absolument infaillible»)*, emploi des verbes *être* et *avoir* qui expriment des vérités imparables. Il s'adresse à Dorante avec familiarité, comme à un enfant qu'il faudrait rassurer *(«allons»)*, et n'hésite pas à lui donner des ordres.

• Dans la 2e partie, Dubois expose, à deux reprises, les trois éléments contre lesquels l'amour aura à lutter chez Araminte. Ils sont, d'abord, psychologiques : la *«raison»* (repris par *«raisonnable»*), qui représente la maîtrise de soi contre l'emportement amoureux; la *«fierté»* (image de soi sociale et individuelle), qui engendre la *«honte»* (Araminte peut-elle épouser son intendant?). Puis vient la «richesse» *(«enrichira» ≠ «ruiné»)*. Dubois renforce son idée par l'emploi du vocabulaire du combat : *«se débattra», «se soutenir», «se rende»*.
Face à Dorante, toujours inquiet et hésitant *(«je tremble»)*, Dubois exprime sa conviction en jouant de l'énonciation : le *«je»*, sujet de verbes de connaissance et d'action *(«je m'en charge», «je sais», «je connais»)*, montre Dubois comme un homme d'expérience, maître de la situation, qui connaît les codes sociaux mais aussi la psychologie; le *«vous»* apostrophe Dorante pour le contrer et le secouer *(«vous m'impatientez», «entendez-vous?»)*; Dubois emploie aussi *«nous» («nos mesures», «nous voilà»)* pour se placer à l'égal de son ancien maître et faire cause commune avec lui *(cf. «L'amour et moi, nous ferons le reste»)*. Araminte est désignée par *«elle»* puis *«on»* : vision surplombante de Dubois qui apparaît comme un observateur omniscient.
Dans une succession de propositions brèves et péremptoires, il emploie :
› le futur et le présent de l'indicatif, temps de la réalité assurée;
› le passé composé *(«je l'ai mis là; nous sommes convenus»...)*, qui montre que tout est prévu et combiné;
› l'impératif.
Ce sont les modes et les temps de l'action.
Dubois est persuadé de la victoire assurée de l'amour : il multiplie les déclarations en forme ternaire, comme la triple formule concessive *«toute raisonnable» / «toute fière» / «tout ruiné»*. Il domine, de plus en plus, la scène par sa maîtrise de la parole, alors que Dorante se tait et semble passif (il est, souvent, grammaticalement COD des verbes).

Conclusion

Dès cette scène d'exposition, le spectateur voit Dubois prendre la situation en main. Face à un Dorante déstabilisé, il apparaît sûr de lui et plein de ressources, inversant le statut du maître et du valet. Cette scène pose aussi clairement l'enjeu de la pièce : l'amour va-t-il l'emporter sur la différence de fortune ?

Question de grammaire

Les trois subordonnées concessives présentes dans les lignes 62 à 75 sont :

› *« toute raisonnable qu'on est »* et *« toute fière qu'on est »* : *toute* + adjectif + *que* + verbe à l'indicatif ; *tout* employé adverbialement se met au féminin quand il porte sur un adjectif féminin commençant par une consonne ou un *h* aspiré ;

› *« tout ruiné que vous êtes »* : même tournure, mais l'adverbe *tout* reste invariable puisque l'adjectif *« ruiné »* se rapporte à *« vous »*, c'est-à-dire Dorante.

Ces trois subordonnées concessives permettent d'insister sur les trois points qui constitueront la mise à l'épreuve d'Araminte.

❷ Seconde partie de l'épreuve

Œuvre étudiée : *Les Fausses Confidences* de Marivaux

Présentation de l'œuvre

Cette présentation doit être personnelle. Toutefois, en voici les passages obligés :

› Enjeux : une comédie d'intrigue dominée par les stratagèmes d'un valet ; une comédie de sentiments montrant la victoire du sentiment amoureux sur les carcans sociaux ; une comédie sociale exposant le jeu de l'argent et des classes sociales.

› Thématiques : la surprise de l'amour dans le cœur d'Araminte grâce aux stratagèmes de Dubois ; la revendication du bonheur et de la liberté du sentiment ; le « marivaudage », raffinement psychologique des dialogues qui dévoile la vérité sous les mensonges.

› Vos motivations justifiant le choix de cette œuvre.

› Votre parcours de lecture : difficultés, découvertes.

› Ce que vous avez apprécié dans cette œuvre.

Dialogue avec l'examinateur

Voici quelques exemples de questions qu'un examinateur peut être amené à vous poser sur *Les Fausses Confidences* de Marivaux :

› Qu'a provoqué, chez vous, la lecture de cette pièce ? Vous a-t-elle fait réfléchir et à quoi ?

› Sa lecture vous a-t-elle ému(e) ? Pourquoi ?

› Vous a-t-elle fait rire ? Pourquoi ?

› Avez-vous trouvé sa lecture facile ? Pourquoi ?

› À quels thèmes ou idées défendues avez-vous été plus sensible ? Pourquoi ?

› Les personnages vous ont-ils semblé attachants ? Pourquoi ?

› Lequel préférez-vous ? Pourquoi ?

› Justifiez-vous leur conduite ?

› Quelle image proposeriez-vous pour illustrer cette pièce ?

› Pouvez-vous rapprocher cette pièce d'une autre œuvre ? Pourquoi ?
› Avez-vous vu des mises en scène de cette pièce ? Vous ont-elles plu ? Pourquoi ?
› Étaient-elles fidèles à l'œuvre ? Quels étaient leurs choix dramaturgiques ?
› Quel type de mise en scène proposeriez-vous ?
› Cette œuvre vous paraît-elle encore d'actualité aujourd'hui ? Pourquoi ?
› En quoi consiste, selon vous, l'originalité de cette œuvre ?

Questionnaires sur des extraits de l'œuvre

Préparez aussi votre oral du Bac grâce aux 4 questionnaires guidés que nous vous avons proposés au fil de l'œuvre :

• Analyse du plan de Dubois (pp. 16-17).
• Analyse d'une fausse confidence (pp. 40-41).
• Analyse du stratagème d'Araminte (pp. 72-73).
• Analyse de l'heureux dénouement (pp. 103-104).

Crédits photographiques

documents de couverture : © Istockphoto / undefined undefined (masque), Istockphoto / Ekaterina Romanova (fleurs et feuilles), © The Met Fifth Avenue, Domaine public, legs de Mme Charles Wrightsman, 2019 (Jean-François de Troy, *La Déclaration d'amour*, 1724), © Look and Learn / Bridgeman Images (doc. 1), © Granger collection / Bridgeman images (doc. 2), © Pascal Victor/ArtComPress via opale.photo (doc. 3), © Photo RMN / Thierry Le Mage (doc. 4), © FineArtImages / Leemage (doc. 5), © RMN / Grand Palais / Franck Raux (doc. 6).

pp. 4, 6, 46, 110 : © Photothèque Hachette. **p. 8 :** *Portrait d'une jeune femme* (1770) de Jean-Honoré Fragonard, legs de Margaret V. Haggin, 1965, © The Met Fifth Avenue, Domaine public. **pp. 9, 11, 47, 79 :** Legs de Mme Charles Wrightsman, 2019, © The Met Fifth Avenue, Domaine public. **p. 12 :** © Pascal Victor/ArtComPress via Leemage. **p. 102 :** Collection Armand Hammer, © National Gallery of Art. **p. 106 :** © CC0 Paris Musées / Musée Carnavalet.

Méthodes

Les encadrés de méthodologie publiés dans la partie « Objectif BAC » ont été rédigés par Isabelle de Lisle (commentaire) et Véronique Brémond (dissertation et épreuve orale).

Maquette intérieure : GRAPH'in-folio et Stéphanie Benoît.
Mise en pages : APS-ie.
Édition : Fabrice Pinel.

PAPIER À BASE DE FIBRES CERTIFIÉES

hachette s'engage pour l'environnement en réduisant l'empreinte carbone de ses livres. Celle de cet exemplaire est de :
300 g éq. CO_2
Rendez-vous sur www.hachette-durable.fr

Achevé d'imprimer en août 2022 en Espagne par CPI Black Print
Dépôt légal : septembre 2022 – Édition : 01

Dans la même collection :

Collectif

Nouvelles naturalistes des *Soirées de Médan* (Zola, Maupassant, Huysmans) (40)

APOLLINAIRE

Alcools (60) **BAC**

BALZAC

Le Colonel Chabert (78)

Mémoires de deux jeunes mariées (86) **BAC**

La Peau de chagrin (26) **BAC**

Le Père Goriot (56)

BARBUSSE

Le Feu – Bac pro (66)

BAUDELAIRE

Les Fleurs du Mal (10) **BAC**

BEAUMARCHAIS

Le Barbier de Séville (17)

Le Mariage de Figaro (5)

CHATEAUBRIAND

Atala – René (42)

CORNEILLE

Le Cid (36)

L'Illusion comique (19)

ECHENOZ

14 – Bac pro (67)

14 (69)

FLAUBERT

Madame Bovary (52)

Trois Contes (20)

GAUTIER

Contes et Récit fantastiques (43)

GOUGES

Déclaration des droits de la femme et de la citoyenne (83) **BAC**

HUGO

Claude Gueux (38)

Pauca meæ (livre IV des *Contemplations*) (73)

Le Dernier Jour d'un condamné (31)

Le Dernier Jour d'un condamné – Bac pro (62)

Hernani (44)

Les Misérables (28)

Ruy Blas (6)

JARRY

Ubu Roi (45)

LA BRUYÈRE

Les Caractères (livres V à XI) (84) **BAC**

LACLOS

Les Liaisons dangereuses (51)

LAFAYETTE (MME DE)

La Princesse de Clèves (49)

La Princesse de Montpensier (74)

LA FONTAINE

Fables (livres VII à IX) – Séries technologiques (76)

Fables (livres VII à XI) – Séries générales (77)

MARIVAUX

La Colonie – Bac pro (68)

La Double Inconstance (46)

Les Fausses Confidences (79) **BAC**

L'Île des esclaves (13) **BAC**